노자

도와 덕이 실현된 삶

차례
Contents

노자와 『노자』

노자(老子, ?~?)는 공자(孔子, 기원전 551~479)가 창시한 유가(儒家)와 더불어 중국의 양대 사상인 도가(道家)의 창시자다. 그의 저서로 간주되는 『노자』는 기독교의 성서와 더불어 인류에게 가장 많이 읽힌 저서 중 하나다.

전통과 혈연을 중시한 유교에는 공자의 가계와 생몰 연대에 대해서 정설(定說)로 인정하는 정확한 기록들이 있다. 그러나 모든 인위와 허위의식을 배격하고 무위자연으로 온전한 삶을 영위했던 노자라는 인물과 그의 삶은 베일에 감춰 있어 신비감마저 든다. 요컨대 노자는 정확히 언제 어느 곳에서 태어나 살았는지, 그의 책으로 전해지는 『노자』는 어느 때 누구에 의해 저술·기록·편집되었는지 명확한 정설은 없다.

노자와 『노자』에 대한 가장 신빙성 있는 최초 기록은 사마천(司馬遷)의 『사기(史記)』「노자열전(老子列傳)」(기원전 91년에 완성)에 나타난다. 비록 상당한 시간이 경과된 이후지만, 이 기록이 노자라는 인물과 『노자』 및 그의 철학적 성향 등에 대해 많은 것을 시사한다. 사마천은 노자에 대해 다음과 같이 기록하고 있다.

노자는 초나라 고현(苦縣) 여향(厲鄉) 곡인리(曲仁里) 사람이다. 성은 이(李), 이름은 이(耳), 자는 담(聃)이며, 주나라 수장실(守藏室)의 사관이었다. 공자가 주나라에 가서 노자에게 예(禮)를 물으니, 노자는 이렇게 대답했다.

"그대가 말한 사람은 이미 뼈마디까지 모두 썩어 버렸고 다만 그 말만 남아 있을 뿐이라오. 또한 군자가 때를 잘 만나면 마차를 타는 귀하신 몸이 되지만, 때를 만나지 못하면 쑥대강이처럼 이리저리 떠돌아다닐 뿐이라오. 내가 들으니, 훌륭한 장사꾼은 물건을 깊이 감추어서 아무것도 가지지 않은 듯하고, 군자는 덕(德)을 많이 지니고 있으면서도 겉보기에는 마치 어수룩하게 보인다고 했다오. 그대도 교만과 욕심 그리고 그럴듯한 자태와 잡념을 버리는 것이 좋을 것이오. 이런 것은 그대에게 아무런 유익을 가져다주지 않는다오. 내가 그대에게 당부하고 싶은 말은 이것뿐이라오."

공자는 돌아가서 제자들에게 이렇게 말했다.

"나는 새가 어떻게 날 수 있는지, 물고기가 어떻게 잘 헤엄치는지, 짐승이 어떻게 잘 달리는지를 알고 있다. 달리는 놈은 밧줄로, 헤엄치는 놈은 그물로, 나는 놈은 주살로 쏘아 잡을 수 있다. 그러나 용(龍)은 어떻게 구름과 바람을 타고 하늘로 올라가는지 알지 못한다. 내가 오늘 만나 본 노자는 마치 용과 같은 인물이었다."

노자는 도와 덕을 닦았으나, 자신의 이름을 드러내지는 않았다(自隱無名). 오랫동안 주나라에 있었으나, 주나라가 쇠퇴한 것을 목도하고 그곳을 떠났다. 관(關)에 이르자 관령(關令)인 윤희(尹喜)가 이르기를, "선생님께서는 지금 은둔하려고 하시니, 마지못해서라도 우리를 위해서 책을 써 주십시오."라고 말했다. 그래서 노자는 상하 두 권의 책을 저술하여 도와 덕의 뜻을 5천여 글자로 남기고 떠났다. 그 뒤로 어디로 갔는지 아무도 모른다.

어떤 사람은 "노래자(老萊子) 또한 초나라 사람으로, 15편의 책을 저술하여 도가의 운용을 논했고, 공자와 동시대 사람이다."라고 말한다.

대략 노자는 160세까지 살았다고 하며, 혹은 200세까지 살았다고 한다. 도를 닦아 수명을 길렀기 때문이다.

　공자 사후 129년 뒤에 사관은 주나라 태사(太史) 담(儋)이 진나라 헌공(獻公)을 뵙고 이렇게 말했다고 기록하고 있다. "처음에 진나라는 주나라와 합쳐졌지만 500여 년 만에 분리되고, 분리된 지 70년 만에 패왕이 될 자가 나타날 것입니다." 어떤 사람은 "담이 곧 노자다."라고 하고, 또 어떤 사람은 "그렇지 않다."라고 한다. 세상 사람들은 그런지 그렇지 않은지 알지 못한다. 노자는 은둔 군자(隱君子)다.

　세상에서 『노자』를 배우는 사람들은 유학을 배척하고, 유학 또한 노자를 배척한다. "도가 같지 않으면 서로 함께 할 수 없다."라는 것은 이것을 두고 말하는 것이 아닐까? 이이는 무위(無爲)하여 사람들이 저절로 교화(自化)되고, 맑고 고요(清靜)하여 백성이 저절로 올바르게(自正) 되게 하였다.[1]

　여기서 사마천은 노자와 『노자』에 대해서 일반적으로 인정받는 학설을 소개하고, 그 학설이 명확하지 않고 다른 이설이 존재한다는 것을 함께 언급하고 있다. 여기에는 춘추필법(春秋筆法)이라고 하는 유교적 역사관에 입각한 사마천의 "의심스러운 것은 의문으로 남겨 전한다(以疑傳疑)."라는 역사

기술 방법이 나타나 있다. 이렇게 노자는 주나라 수장실의 사관으로, 공자보다 조금 앞선 시기에 생존했던 인물로 공자에게 예(禮)에 대해 설파한 인물로 알려졌다. 그러나 노담, 노래자, 태사 담 등과 같은 인물 가운데 누가 『노자』를 기술했는지 분명히 밝혀지지 않고 있었다.

이러한 상황은 2,000년이 지난 21세기에도 계속된다. 연구자들은 노자가 공자보다 약간 이른 시기 혹은 동시대에 생존했다고 하며, 혹은 장자(莊子, 기원전 4세기)보다 늦은 시기라고 하며, 심지어는 노자는 실존인물이 아니라고 주장하기도 한다. 『노자』에 대해서도 한 사람의 단일한 저작이라는 주장이 있는가 하면, 도가들 혹은 잡가(雜家)들에 의해 편집된 책이라는 주장도 있다.

책의 형성 시기에 대해서도 수많은 견해가 있다. 늦어도 춘추시대 말기라는 주장이 있는가 하면, 심지어 『노자』에 등장하는 개념어들의 분석을 통해 『장자』보다 늦게 형성되었다는 주장도 있다. 이렇게 노자와 『노자』에 대해 다양하게 주장하는 이유는 현행 통행본 가운데 가장 많이 이용되는 『왕필본노자(王弼本老子)』(이하 왕필본)가 12세기의 『장지상본(張之象本)』을 저본으로 간행된 16세기 판본이라는 데서 기인한다.

이런 가운데 비교적 최근인 20세기 말의 고고학적 성과에 힘입어 노자라는 인물과 『노자』에 대해 다시 평가할 전기가

마련되었다.

1972년 중국 장사 마왕퇴한묘(長沙馬王堆漢墓, 기원전 168년, 한문제 12년의 묘)에서 다량의 백서(帛書)가 출토되었는데. 그 가운데 두 종류의『노자』사본이 발굴되었다.『백서본노자(帛書本老子)』(이하 백서본)로 지칭된 이 판본은 그중 글자체가 비교적 오래된 것을『백서갑본』(이하 갑본), 비교적 늦은 것을『백서을본』(이하 을본)이라 했다. 갑본은 적어도 기원전 247년 이전인 전국시대 말기의 것으로 추정되며, 을본은 늦어도 한 고조가 사망한 기원전 195년 이전인 한대 초기의 것으로 추정된다. 그리고 약 20년 뒤인 1993년 호북성 형문시(荊門市) 곽점촌(郭店村)의 초나라 고분에서 804매의 죽간이 발견되었는데, 그 가운데 71매(총 2,046자로 통행본의 5분의 2에 해당하는 분량)가『노자』와 관계있는 것이었다.『곽점초묘죽간본노자(郭店楚墓竹簡本老子)』(이하 죽간본, 곽점본이라고도 하지만 백서본과 보조를 맞추기 위해 죽간본이라고 부르기로 한다)로 지칭된 이 판본은 늦어도 기원전 4세기 전국시대 중기 이전의 것으로 판명되고 있다.

먼저 백서본의 특징을 살펴보자. 형식을 보면 백서본은 갑본과 을본 모두「도편(道編)」과「덕편(德編)」으로 나누어 놓았지만, 순서를 보면 기존 통행본과 달리「덕편」(38~81장)이「도편」(1~36장)보다 앞에 위치한다. 또한 통행본은 81장으로 나누어져 있지만 백서본은 장의 구분이 없으며, 일부의 장은 순서가 서로 바뀌어 있고, '야(也)' '의(矣)' 같은 허사가 현행 통행본보다 빈번히 등장한다. 『노자』는 상당히 이른 시기부터 「도편」과 「덕편」으로 나누어져 있었으며 「덕편」이 앞선다는 점에서 '덕도경德道經'이라고 부를 수 있을 백서본이 원형에 더 가깝다고 주장할 수도 있다. 그러나 「도편」과 「덕편」 두 주제가 뒤섞여 있어 둘 중 무엇이 앞에 있어야 하는가 하는 문제는 큰 의미가 없을 수도 있다.

그러나 백서본으로 보아 원래의 『노자』는 분장되어 있지 않았다는 사실이 분명해졌으며, 통행본과 백서본에서 순서가 다른 장의 경우는 비단에 연이어져 씌어 있어 착간의 가능성이 거의 없는 백서본의 순서를 따르는 것이 더 많은 타당성을 지닌다고 하겠다.

그렇다면 내용 면에서 백서본은 현재 통행본의 권위를 손상시키고 있을까? 물론 백서본이 통행본의 애매모호한 구절을 이해하고 비정(比定)하는 데 적지 않은 도움을 주었으며, 나아가 통행본 연구자들이 제기했던 착간 및 오자의 가능성에 대한 질문에 몇 가지 해결책을 제시해주었다. 그러나 백서본이 통행본과 내용에서 거의 차이가 없다(글자는 80%가 같고, 다른 부분도 대부분 비슷하다)는 점에서, 오히려 백서본이 왕필본의 신뢰성을 입증한다. 즉 현행 왕필본보다 1300~1400년

전에 존재했던 백서본이 전체 내용에서 대부분 일치하며, 분
장의 체계나 문자에 차이가 거의 나지 않는다는 사실이 오히
려 현행본의 권위를 증명해 준다.

그러나 현재의 통행본과 같은 체계를 가진 가장 오래된
판본인 백서본에 대해 진고응(陣鼓應)은 "역사적으로 보존해
야 할 귀중한 것이다. 하지만 내용을 자세히 들여다보면 백서
본에는 잘못된 글자(訛字), 빠진 글자(脫文), 덧붙여진 글자(衍
文), 착간 등의 결함이 있다. 명백하게 말해 가장 오래된 판본
이기는 하지만 가장 좋은 판본은 아니다."라고 말한 엄영봉
(嚴靈逢)의 말에 동의하면서 현존하는 판본 가운데 왕필본이
가장 좋다는 의견을 피력한다.[2] 이런 이유로 백서본은 "생각
보다는 크게 새로운 것이 없는 자료다.""기존의 노자 연구에
공헌할 만한 것이 없다." 등의 평가와 함께 학계의 관심에서
점차 멀어져 갔다.[3]

백서본에 대한 관심이 점차 줄어드는 가운데, 앞에서 언급
한 광점촌 초묘에서 죽간본이 발견되었다. 내용으로 보면 그
가운데 18편이 유가의 것이고, 3편(「태일생수, 太一生水」편을 포
함하면 4편) 71매는 『노자』와 관계된(총 2,046자로 통행본의 5분의
2에 해당하는 분량이며, 총 31개 장과 관련된다) 것이었다. 무덤의
주인공은 출토된 잔의 밑 부분에 새겨진 '동궁지사(東宮之師)'
라는 글자로 미루어보아 태자의 학문 교육을 담당했던 뛰어

난 학자로 추정된다.[4)]

죽간본은 그 길이를 기준으로 갑·을·병 조로 구성되는데, 현행 통행본과 비교해보면 다음과 같다.

갑 : 19장, 66장, 46장 중하단, 30장 상중단, 15장, 63장 하
단, 37장, 63장, 2장, 32장, 25장, 5장 중단, 16장 상단,
64장 상단, 56장, 57장, 55장, 44장, 40장, 9장.
을 : 59장, 48장 상단, 20장 상단, 13장, 41장, 52장 중단,
45장, 54장
병 : 17장, 18장, 35장, 31장 중하단, 64장 하단[5)]

이렇듯 죽간본은 현행 통용본과 장을 나눈 순서가 달라서 유교의 영향을 받은 동궁지사가 『노자』를 개조한 발췌본이라는 주장이 제기되기도 하고,[6)] 혹은 그 자체로 완정(完定)한 것이라는 주장도 있다.[7)] 그러나 필자는 이 두 견해에 대해 모두 회의적이다. 갑본과 죽간본 사이에는 150~200년의 차이가 있는데, 통행본의 체계로 보면 총 49개의 장, 즉 전체 분량의 5분의 3이 죽간본에서 갑본으로 이행하는 과정에서 늘어났다. 갑본의 필사자가 아무런 이유 없이 장을 늘려가며 원저를 5분의 3이나 덧붙였을까? 통행본 『노자』 1장을 위시하여 노자를 도가의 원조가 되게 한 빠질 수 없는 중요한 장

들이 통행본에는 보이나 죽간본에는 나타나지 않는다는 점에서, 원본 『노자』는 죽간본보다 많은 장으로 구성되어 있었으리라고 추정된다. 즉 죽간본은 원본 『노자』의 단편이라는 것이다. 갑본 등의 필사자는 당시의 시대 상황을 반영하여 원본 『노자』에 보충 설명을 덧붙이거나 주요 개념어를 바꾸는 방식으로 개조했었을 것이다.

판본들의 발견이 가져온 성과를 요약하면 다음과 같다.

백서본은 현재 왕필본으로 대표되는 통행본 이전의 『노자』를 분장하지 않는 형태로 상하 두 편으로 나누어진 '덕도경'의 형식을 취한 것일 수 있으며, 현재 통행본의 몇몇 낱말은 피휘(避諱, 당시 황제나 어른의 이름을 직접 말하거나 쓰는 것을 회피하는 것)를 위해 수정되었으며, 출현한 시기로 판단할 때 늦어도 전국시대 중기에 현재 통행본과 같은 내용과 분량의 『노자』가 분명히 존재하고 있었다는 것을 확인해 주었다.

죽간본은 기원전 4세기 이전 공자 이전 혹은 동시대에 『노자』의 원저자와 원본이 존재했으며, 원본 『노자』는 소박하지만 통행본의 형이상학적 맹아를 그대로 내재하고 있으면서 다른 학파 특히 유가와 대결의식이 없었다.

죽간본과 백서본을 비교해 보면 백가쟁명의 전국시대에 춘추시대의 원본 『노자』에 가필하거나, 혹은 주요 개념어를 바꾸어 다른 학파를 비판하는 체계로 개작된 판본이 출현하였는데, 이것이 바로 백서본과 현재 통행본의 저본이 되었다는 것이다.

필자는 백서본과 죽간본의 연구 성과로 말미암아 다음과 같은 점이 드러났다고 판단한다. 즉 책의 체계성과 통일성으로 볼 때『노자』는 단일 인물의 저서며, 은둔하여 이름을 드러내지 않았던 노자는 늦어도 공자와 동시대의 실존 인물이다. 따라서 사마천이『사기』에서 의심스럽게 기록한 이이(李耳)가 바로 원본『노자』의 저자일 가능성이 높다는 것이다. 그리고 원본『노자』는 늦어도 전국시대 중기 이전에 다른 학파와 대립의식을 지녔던 후계자(또는 후계자들)에 의해 가필되거나 첨삭되고, 주요 개념어가 변형되어 현재 통행본과 같은 내용과 분량의『노자』가 출현하였는데, 바로 여기에서 현재 왕필본으로 대표되는 통행본이 출현하였다는 것이다.

노자 철학의 출발

어떤 철학자의 언명대로 모든 사상은 시대의 아들이다. 일반적으로 기원전 800년부터 서기 200년에 이르는 1000여 년의 기간을 문명의 '기축시대(Axial Age)'라고 말한다. 이 기축시대의 한가운데인 기원전 5세기 전후는 새로운 생산도구인 철기 농기구가 보급됨에 따라 농지가 늘어나고 심경(深耕, 토양을 깊게 파는 일)이 가능하게 되었다. 그래서 수확물과 인구 또한 급증하여 각 국가는 부국강병을 이루었다. 이러한 부국강병을 배경으로 인류는 그리스(페르시아 전쟁, 펠로폰네소스 전쟁), 인도(마우리아 왕조 아소카왕의 통일), 중국(전국시대) 등에서 정복 전쟁과 통일 전쟁이 일어났다. 그래서 이 시기는 역사상

가장 암울한 시기 중 하나로 기록된다.

이 혼란기는 이전에 비해 급격하게 늘어난 물리적·경제적 토대를 배경으로 조성된 것이었기에 새로운 문명을 태동시키는 여명의 암야와 같았다. 이때에 태어나서 격동의 혼란기를 광정(匡正)하고 새로운 시대를 예비했던 대표적인 인물이 바로 그리스의 소크라테스, 인도의 석가, 그리고 중국의 노자, 공자와 그 계승자들이었다.

독일의 철학자 칼 야스퍼스(Karl. Jaspers)는 『역사의 기원과 목적』의 「기축시대」라는 장에서 이 시대에 대해 설득력 있게 서술하였다. 그는 근동, 그리스, 인도 그리고 중국 등에서 고대 문화를 창출했던 '창조적 소수'에 대해 증언하고, 이들은 반성적·비판적·초월적인 방법을 통해 그들의 모태 문명을 개혁했다는 사실을 강조했다.

야스퍼스의 저술에 영향을 받아 『중국 고대 사상의 세계』를 저술한 벤저민 슈워츠는 이 창조적 소수의 특징을 다음과 같이 요약하고 있다.

인도의 우파니샤드와 불교와 자이나교, 성서적 유대교의 흥기, 그리스 철학의 대두, 또는 중국의 유가·도가·묵가의 출현 가운데 어느 것을 보건, 우리는 이들 속에서 삶을 관조하고 조망하며, 그 의미에 대해 반성적 의문을 제기하는 모종의 태도들과 함께 삶에 대한 새롭고 적극적인 견해와 비전의 출현을 발견하게 된다. 이러한 창조적 '소수들'은 자신들의 문화가 갖고 있던 기존의 법칙을 단순히 옹호하고 변호하는 '문화적 전문가들'은 결코 아니었다. 이들은 기존의 법칙을 승인하는 경우에도 전혀 새로운 각도에서 해석했다.[8]

그렇다면 이러한 '창조적 소수들'에 대한 논의를 좁혀 중국의 경우로 한정해 보자. 일반적으로 '삶에 대한 체계적인 반성적 사색'으로써 중국 철학의 특징은 '인생에서 절실하게 요구되는 문제를 근본에서부터 착상해서 근본적인 해결을 찾고자 하는 학문적 연구에 있다.'라고 할 수 있는데, 특히 중국의 선진(先秦)철학은 인간의 삶에 대한 우환의식(憂患意識)에서 출발했다.[9]

이에 대해 동양철학의 대부인 고(故) 김충렬 교수는 다음과 같이 말하고 있다.

"중국철학의 원초적 문제는 우리가 삶을 기탁하고 있는 이 세상은 어떻게 있으며, 그렇게 있는 세상에서 인간은 어떻게 삶을 영위해야 하는가 하는 두 가지 물음에 집약되었었다."[10]

그런데 세계관의 문제는 어떻게 삶을 영위할 것인가라는 문제를 근거로 가설된 것이므로, 결국 "현실에서 인간이 어떠한 삶을 영위해야 하는가?" 하는 것이 주요 문제라고 할 수 있다. 어쨌든 중국의 선진시대 철학적 사유는 인간이 삶을 영위하면서, 현실의 삶과 그 방식에 큰 의문을 갖고, 어떻게 사는 것이 인간다운 삶인가 하는 물음을 제기하며 근본적인 해답을 찾고자 하는 것에서 유래되었다. 이러한 문제의식은 앞에서 야스퍼스가 증언하고 있듯이, 모든 철학의 태동기에 제기되는 보편적인 패러다임이다. 서양 철학은 '절대 확실한 인식의 추구'로서 존재에 대한 경이감(驚異感)에서 출발했다.[11] 여기서 존재에 대한 '경이감'이란 어떤 신비한 존재를 발견·체험하는 것이 아니라, 평소 일상의 우리가 당연하게 수용하던 것들의 존재타당성이 아무런 근거가 없는 의심스러운 것으로 드러났을 때의 당혹감이다. 플라톤이 『동굴의 비유』에서 죄수가 동굴 속에서 그림자의 그림자를 실재라고 착각하고 생활하다가 그림자의 존재타당성에 의문을 제기하며 시선을 밖으로 회향하고 탈출하여 마침내 모든 존재의 근원이자 인식의 가능근거인 태양을 보게 되는 것은 바로 이러한 당혹감의 철학적 치유라고 할 수 있다.[12]

인도의 석가 또한 이와 유사한 문제의식과 해결책을 제시하였다. 그래서 그 또한 기존 바라문교의 체계에 회의(경이감)

를 품고 출가하여 6년간의 고행을 겪고 마침내 깨달음을 증득(證得)하고, 나머지 45년간의 생애 동안 그 깨달음을 설파하여 또 다른 '창조적 소수'가 되었다.

　이 시기에 중국에서 생존하여 유가의 창시자가 된 공자 또한 당시로 본다면 실로 혁신적인 견해를 내놓은 '창조적 소수'다. 그의 혁신적인 견해는 "사람이 도를 넓히는 것이지, 도가 사람이 넓히는 것이 아니다."[13]라는 인본주의를 주창한 데에 있다. 인본주의를 주창하면서 공자는 당시 절대적이던 조상 및 귀신숭배의 예절에 관해서도 혁신적인 견해를 내놓았다. 그래서 그는 "귀신은 공경하되 멀리하는 것이 지혜롭다."[14] 혹은 "사람도 능히 섬기지 못하는데, 귀신을 어찌 섬기겠는가? 삶도 온전히 알지 못하는데, 어찌 죽음을 알겠는가?"[15]라고 말했다. 나아가 그는 "단순히 옥과 비단 등 물질적으로 예우하는 것만을 예절이라고 하지 않으며, 종과 북이 어우러져 훌륭한 화성을 내는 것만을 음악이라고 하지 않는다."[16]라고 말하였다. 그래서 그는 진정 중요한 것은 "형식적인 예절과 음악보다는 인간 내면의 덕으로 자기완성을 기하는 것이다."[17]라고 주장하였다. 이렇게 '예악과 같은 형식적 절차'에서 '인간 내면의 덕과 마음/가심'으로 「긴건을」 전향시키면서[18] 공자는 '인도(人道)'를 재창하며 변역의 기치를 내세웠던 것이다. 그래서 그는 다음과 같이 말하고 있다.

조수(鳥獸)와 더불어 같이 무리지어 살 수는 없으니, 내가 이 사람의 무리와 더불어 살아야 하지 않겠는가? 천하에 도가 있으면 나는 더불어 변역하려 하지 않았을 것이다."[19]

그렇다면 이제 이 문제를 노자의 경우에 빗대어 살펴보자. 춘추 말기에 생존했다고 추정되는 노자는 당시 현실에 어떤 문제의식을 지니고 있었는가? 이른바 '창조적 소수'로서 노자는 당시 혼란기의 사회와 위정자들, 그리고 그들의 문화에 대해 강도 높게 비판하는 우환의식을 드러내고 있다. 그의 말을 『노자』에서 직접 살펴보자.

백성이 굶주리는 것은 위에서 세금을 많이 먹기 때문이다. …… 백성을 다스리기 힘든 것은 윗사람이 억지로 하려고(作爲) 하기 때문이다. …… 백성이 쉽게 죽음으로 내몰리는 것은 윗사람이 살기를 갈구함이 너무 심하기 때문이다.[20]

큰길은 심히 평탄하지만, 백성은 지름길을 좋아한다. 조정은 거대한 누각들로 아주 잘 정돈되어 있지만 논밭은 매우 황폐하고, 창고는 텅 비어 있는 데도 통치자들은 아름다운 비단에 수놓은 옷을 입고 번득이는 검을 차고 물리도록 마시고 먹으며 재화는 남아도니, 이를 일러 도둑질을 자랑한다(도둑의 괴수)고 한다. 이 얼마나 도에서 어긋나는가(非道也哉)?[21]

하늘의 도는 활시위를 당기는 것과 같을 것이다. 높은 것은 억누르고, 낮은 것은 들어올리며, 남는 것은 덜어내고 모자라는 것은 보탠다. 하늘의 도는 남는 것을 덜어서 모자라는 것에 보태주거늘 사람의 도는 그렇지 않아 모자라는 자의 것을 덜어내어 남는 자에게 바친다.[22]

대도가 행해지지 않자(大道廢) 인의가 생겨났고, 지혜가 나오자 큰 거짓이 생겨났다.[23] 그러므로 도를 상실한(失道) 이후에 덕이 있게 되었고, 덕을 상실한 이후에 인이 있게 되었고, 인을 상실한 이후에 의가 있게 되었고, 의를 상실한 이후에 예가 강요되었다. 대저 예라는 것은 충과 신이 엷어진 것이며 어지러움의 머리며, 미리 아는 것(지혜)은 도의 헛된 꽃이며 어리석음의 시작이다.[24]

여기서 우리는 현실의 인간 및 사회 구성에 대한 노자의 통렬한 비판을 찾아볼 수 있다. 앞서 말했듯이 춘추시대는 새로운 생산도구(철제 농기구) 보급으로 생산력의 비약적인 향상을 가져와 제후 국가들이 상당한 물질을 축적하였다. 물질의 축적으로 부국강병이 가능한 제후 국가들은 이제 천하통일의 야욕을 갖고 군사력을 강화하여 통일전쟁을 일삼게 되고, 따라서 백성은 무거운 세금과 계속되는 전쟁으로 굶주리고 죽어갔다. 이렇게 참혹한 현실에서 공자는 정명론(正名論)을 피력함과 아울러 인위적인 강제와 형벌을 배격하는 덕치(德治)를 통해 백성의 자발적인 동의를 이끌어낼 것을 역설했다. 그리고 묵자(墨子)는 공리주의에 입각한 반전박애의 겸애주의(兼愛主義)를 표방하면서 서로 사랑하며 이익이 극대화되는 공동체를 창출하려고 하였다. 공자와 묵자 이외에도 수많은 제자백가들이 출현하여 저마다 난세를 구제할 방도를 가지고 제후들을 찾아 유세하고 다녔다.

노자 또한 이러한 시대에서 어떻게 혼란한 사회를 평온하고 안정되게 만들어 백성을 인간답게 살게 할 수 있는가 하는 점에 초점을 두고 있었다. 즉 노자는 밖으로는 부국강병을 이룩한 국가 간의 침략 및 통일 전쟁을, 안으로는 호사스런 위정자와 굶주리는 백성 간의 모순을 어떻게 해소할 수 있을까 하는 점에 골몰했던 것이다. 위의 인용문에서 볼 수 있듯이 노자는 이렇게 모순되고 혼란스러운 상황이 초래된 근본 이유가 인간이 자연의 도를 본받지 않고, 자그마한 지혜(小知)를 내어 탐욕하고 작위로써 강제적으로 다스리려 하는 데에 있다고 보았다. 그래서 노자는 다음과 같이 말한다.

"천하에 꺼리고 피해야 하는 것이 많음에 백성은 더욱 가난해지고, 사람들이 이로운 기물을 많이 가질수록 국가는 점점 혼란해지고, 사람들이 지혜와 기교가 늘어남에 사특한 일들이 더욱더 일어나며, 법령이 더 많이 공포됨에 도적이 많아졌다."[25]

요컨대 노자가 볼 때, 세상의 이론가들과 치자들은 저마다 혼란한 세상을 광정하고 구제하겠다고 자임하면서 인의(仁義) 등과 같은 이념을 내세우고, 온갖 지혜를 짜내어 작위적으로 다스리려 하고, 백성에게는 효자와 충신이 되라고 강요한다. 그런데 노자가 볼 때에 인의, 지혜, 효자, 충신 같은 관념은 위대한 도(大道)가 행해지지 않으므로 나타난 부자연스러운 외적 강제 규범 혹은 작위에 불과하다. 이러한 강제적인 작위의 정치와 인위적인 외적 관념의 강요야말로 당시와 같은 혼란 상황을 야기한 주요 원인이다. 이렇게 노자는 당시 부조리한 모순적 현실을 비판하면서, 그러한 현실은 도에서 빗나가(非道 : 53장), 도가 아닌(不道 : 33, 55장), 혹은 도가 사라졌거나 도를 잃어버린(無道, 廢道, 失道 : 18, 38, 46장) 상태라고 기술하고 있다. 즉 노자는 인간의 참된 삶의 방식을 본래적인 자연의 도에 따르는 것이라고 말하면서, 이러한 본래적인 도를 잃어버리거나 내버려둠으로써 비본래적인 삶으로 전락하여 현실의 여러 혼란과 부조리가 초래되었다고 진단한다. 그래서 노자는 이러한 비본래적인 삶을 영위하는 일반적인 세상 사람과 본래적인 삶을 영위하는 노자 자신의 삶의 방식이 다름을 느끼고, 항상 홀로 길을 걸으면서 가야 하는 철인(哲人)의 심정을 다음과 같이 기술하고 있다.

세상의 뭇 사람들은 마치 큰 소를 잡아 큰 잔치를 벌이는 것처럼, 화사한 봄날에 누각에 오른 것처럼 즐거워한다. 그러나 나만은 홀로 담박하여 아무런 낌새도 알아차리지 못하는, 마치 아직 웃음조차 모르는 젖먹이 같다. 고달프고 고달프지만 돌아갈 곳이 없는 듯하다. 세상의 뭇 사람들은 모두 여유가 있지만, 나 홀로 모자라는 듯하다. 나는 어리석은 사람의 마음인가 보다! 혼란스럽기만 하여라. 세상의 뭇 사람들은 영특하지만, 나 혼자만 멍청하고 또 멍청한 것 같다. 세상의 뭇 사람들은 잘도 분별하지만, 나 혼자만 혼돈 속에 얼버무린다. 나는 마음이 담담하여 바다와 같고, 산들바람처럼 머무를 곳을 모르는 듯하다. 세상의 뭇 사람들은 모두 유능하지만, 나 혼자만 완고하고 비루하구나! 나

만 홀로 다른 사람들과 다르게, 먹여주는 어미(食母=道)를 귀하게 여긴다.[26]

여기서 노자는 자신과 일반적인 세상 사람과의 결정적인 차이는 다름 아닌 "도를 귀하게 여기는가(貴食母)?"라는 것에 달렸다고 말한다. 요컨대 일상의 존재자에 대한 집착을 초탈(超脫)하고, 만물의 모태(天地之始 萬物之母, 1장)인 도를 자각하고 덕을 귀하게 여길 줄 알아서 도가 제시하는 길을 가고 부여된 덕을 기르는 것이 인간의 본래적인 삶의 방식이라는 것이다. 도가 아니어서(不道, 非道), 도가 없어져 버린(無道, 失道, 廢道) 것으로 특징지어진 일상인의 비본래적인 삶은 인간의 '사물화'에서 비롯된 자기망각, 자기·자연의 상실이다. 이미 자연(自然), 자성(自性), 자기(自己)의 중심과 근본을 망각하고 상실한 이후에 다른 학파들처럼 도덕, 지식, 학문, 정치, 명분을 논변하고 추구하는 것은 본말전도(本末顚倒)에 지나지 않는다. 따라서 인간의 자연스럽고 소박한 본성을 회복하는 일은 우선 이런 근본에서 벗어난 지식, 명분, 치인을 부정하는 데에서 출발할 수밖에 없다.[27] 노자 철학의 문제의식과 출발점은 바로 여기에 있다. 그렇다면 노자가 말하는 본래적인 도와 덕은 무엇이며, 어떻게 체득하는 것일까?

도와 그 작용

앞서 말했듯이, 『노자』 전체를 일관하는 주제는 도이고, 따라서 바로 이 점에서 노자는 한(漢)대 이래 장자(莊子)와 더불어 도가(道家)의 창시자로 분류되었다. 단지 5천여 한자로 구성된 『노자』에는 '도(道)'가 70여 회, 그리고 '덕(德)'이 40여 회나 등장한다. 이렇게 『노자』의 모든 말들은 도와 덕을 지시·해명·체득·실천할 것을 주장한다. 이런 이유에서 『노자』는 예로부터 당연히 그 주제에 따라 『도덕경』(혹은 백서본에 따르자면 『덕도경』)으로 불렸다. 그런데 동양 최고의 경전인 『주역(周易)』은 도덕과 다른 사물(器)의 차이를 다음과 같이 규정하고 있다.

"형상을 넘어서는 것을 일컬어 '도'라고 하고, 형상을 지닌 것을 일컬어 만물(器)이라고 한다."[28]

"한번 양이 되었다 한번 음이 되는 까닭(所以)을 일러 도라고 하고, 그 도를 계승하는 것이 선(善)이며, 그 도를 이루는 것이 성(性)이다."[29]

여기도 '기(器)'란 일정한 형상(소리, 색깔, 냄새, 영향 등)을 지니고 변화·생성되는 사물을 말한다. 이러한 형상을 지닌(形而下) '기'라고 칭하는 사물은 오늘날 말하자면 실증되는 대상을 측정하여 거기서 사람에게 유용한 지식을 획득하고자 하는 실증과학 혹은 기술지(技術知)의 대상이다. 그런데 형이상자(形而上者)로서 도는 형상을 지녀 실증되는 사물이 아니라, 사물의 가능 근거(所以)라고 말한다. 이렇게 형상을 지닌 것의 가능 근거를 다루는 학문을 일반적으로 형이상학(形而上學)이라고 말한다.

형이상학이 어떤 학문인가 하는 것은 동서양의 학문 규정의 전형인 다음의 비유가 잘 말해주고 있다.

"학문 전체는 한 그루의 나무에 비유할 수 있으니, 그 뿌리는 형이상학 혹은 제일철학이고, 둥치는 자연학이며, 이

둥치에서 뻗어 나온 가지들은 여타 학문 전체다."[30]

이러한 데카르트의 '학문의 나무에 대한 비유'에 따르면, 보이지 않는 나무의 뿌리에 해당하는 형이상학이 바로 『노자』가 다루는 주제다. 그런데 노자에 따르면, 도는 만물에 덕으로 부여되어 있다(德得也).[31] 따라서 도가 만물의 근원으로써 존재근거라고 한다면, 덕이란 만물이 그 존재근거(道)를 얻어 지니고 태어난 것이라 할 수 있다. 따라서 만물에 존재근거를 부여한다는 측면에서는 '도'라 하고, 만물이 그 존재근거를 부여받아 지니고 태어났다는 측면에서는 '덕'이라고 한다. 특히 의식을 지니고 자각적인 행위를 하는 인간의 경우에 도는 그것을 자각하고 체득한 성인(聖人) 혹은 군자(君子)가 사람의 길(人道)을 걸어가는 덕스러운 행위를 통해 현실화된다.[32] 바로 이 점에서 우리는 노자의 도덕의 형이상학은 '형이상학적─존재론적 윤리학' 혹은 칸트의 언명을 빌려 '도덕의 형이상학'이라고 규정할 수 있다.[33] 그리고 이러한 '형이상학적─존재론적 윤리학'의 체계에서 문자 그대로 상대를 단절한 '절대(絶對)'의 형이상자인 도는 그 자체가 참이며(眞), 선(善)하고, 나아가 아름답다(美)고 할 수 있다. 그리고 이러한 도를 올바로 인식·체득하여 그 본성대로 제대로 실현하는 삶이 참으로 선하게 사는 덕스런 아름다운 삶이다.

그렇다면 이제 우리는 노자가 도를 어떻게 절대적·형이상학적으로 지시·해명하고 있는지, 그리고 이 절대적 형이상학적 도를 어떻게 인식·체득하여 덕스러운 삶을 구현하는지를 노자의 언명에 따라 구체적으로 살펴보기로 하자.

주지하듯이 「도체편(道體編)」으로 명명되는 『노자』 1장에는 노자철학 전체가 총괄적으로 제시되어 있다.

道可道 非常道, 名可名 非常名. 無名 天地之始, 有名 萬物之母. 故常無欲以觀其妙, 常有欲以觀其. 此兩者同 出而異名. 同謂之玄, 玄之又玄, 衆妙之門.

말로 설명할 수 있으면 '항상 그러한 도(常道)'가 아니며, 이름으로 명명할 수 있으면 '항상 그러한 이름(常名)'이 아니다. 무(無名)는 천지의 시작이며, 유(有名)는 만물의 어머니다. 그러므로 '항상 그러한 무(常無)'를 희구하여 도의 오묘함(妙)을 관조하고, '항상 그러한 유(常有)'를 희구하여 도가 나타난 현상(徼)을 관조한다. 이 양자는 같이 나와서 이름을 달리하니 같이 그윽하다고 한다. 그윽하고 또 그윽하니 온갖 신묘한 작용이 나오는 문이다.[34]

여기서 첫 구절은 도의 본체를 지시하면서 도에 대한 정의를 시도하고 있으며, 둘째 구절은 도의 작용(天地之始, 萬物之

母)을 말하고 있다. 셋째 구절은 입도공부(入道工夫)로서 도의
인식과 관조에 대해 말하고 있다. 그리고 마지막 결구는 도
에 대한 찬탄이라고 할 수 있다. 이제 1장에 대한 해석을 시
도하면서 노자철학의 체계를 제시해 보자.

도란 무엇인가?

도가의 창시자로서 노자는 무엇보다도 먼저 "도는 무엇이
며, 어떠한 것이다."라고 정의하고 설명하였다. 그런데 노자
는 이 문제와 연관하여 "말로 설명할 수 있으면 '항상 그러한
도'가 아니며, 이름으로 명명할 수 있으면 '항상 그러한 이름'
이 아니다."[35]라고 부정적으로 언급하고 있을 따름이다. 도와
언어적 정의 및 설명의 문제를 다룬 이 구절은 ① '항상 그러
한 도'(常道)는 "그것은 어떠하다."라는 명제의 형식으로 설명
할 수 없으며(不可言), ② '항상 그러한 이름(常名)'은 무엇으로
명명할 수 없다(不可名)."는 것이다.

그렇다면 왜 '항상 그러한 도'는 어떠하다고 설명할 수 없
으며, '항상 그러한 이름'은 이름을 붙여 개념화할 수 없을
까? 이는 바로 형이상자의 본성 자체가 그렇다고 말할 수도
있을 것이다. 만일 우리가 만물(有)의 근원을 형상을 지닌 어
떤 사물(萬物中一物)이라고 가정해 보자. 그러면 우리는 '만물

의 근원으로 가정된 그 어떤 사물은 어느 것에서 유래했는가?'라고 다시 물어야 한다. 그렇게 되면 우리는 무한 연쇄의 오류에 빠질 수밖에 없다. 그렇다면 우리는 "형상을 지닌 모든 만물의 근원은 형상을 지니지 않는 그 어떤 것이다."라고 말할 수밖에 없다. 이렇게 만물의 근원은 형상을 지니지 않는다는 점에서 우리는 그것을 '형이상자'라고 말하고, 그것에 관한 학문을 형이상학 혹은 제일철학이라고 말해 왔던 것이다. 이렇게 형이상자는 소리, 색깔, 냄새, 영향 등과 같은 형이하(形而下)의 사물적 존재자가 지니는 속성을 초월한다. 그러므로 형이상자인 도는 형이하의 사물 속성을 표상하는 언어로 설명할 수 없다. 나아가 도는 사물적 존재자처럼 그것을 다른 존재자와 구별해 주는 고유한 본질 혹은 개념을 지니지 않는다. 그러므로 우리는 도에 대하여 고유한 이름을 부여하여 개념적으로 규정하거나 파악할 수 없다.

그렇다면 여기에서 우리는 다음과 같은 두 가지 질문이 가능하다. 그것은 우선 개념이나 본질이 없기 때문에 '무엇'이라고 이름조차 붙일 수 없는 것이라면 "왜 노자는 그것에 대해 '도'라고 하는 명칭을 붙였는가?" 하는 것이다. 그리고 둘째, '도라는 명칭을 붙였다고 하더라도 이비아니고 설명조차 할 수 없는 것이라면, 그것은 아무런 의미가 없는 '비존재'(non-being), 즉 완전한 무(都無)와 같은 것이 아닌가? 혹은 만일 이름을 붙일 수도 설명도 할 수 없는 것이라면 그런 도는 왜 필요한가? 하는 것이다.

먼저 첫 번째 질문과 연관하여, 우리는 논리적인 관점에서 다음과 같이 가상적인 질문을 구성해 보자.

노　자 : 도는 이름이 없고, 설명할 수도 없다.

질문자 : 무엇이 이름이 없고, 설명할 수도 없습니까?

노　자 : 도가 이름도 없고 설명할 수도 없다고 말했다.

질문자 : 선생님은 방금 '도'라고 이름을 불렀고, 설명하시지 않았습니까?

도의 불가명(不可名)과 불가설(不可說)을 주장하면서 우리가 지닌 언어의 한계성을 시사하는 노자의 입장을 일견 궁지에 몰아넣는 것처럼 보이는 이 가상의 대화는 진정 노자에 대한 정당한 비판이 될 수 있을까? 결코 그렇지는 못한 것 같다. 이에 대해 노자는 아마도 "도는 비존재처럼 아무런 속성이나 본질이 없기 때문에 이름이 없는 것이 아니라, '원리상' 이름을 붙일 수 없다."라고 대답할 것이다. 이 문제와 연관하여 우리는 우선 탁월한 논리학자인 스멀리안(Raymond M. Smullyan)의 설명을 참고해 보자.

"도는 아주 민감해서 이름을 붙이게 되면 아주 슬며시 변한다. 그 도는 이름이 붙여지기 전의 도와 동일한 도가 아니다. 정말로 우리가 도를 전체로써의 우주와 동일시 할 수 있다면(이는 틀림없는 사실이다), 우주에 이름을 붙이는 행위 그 자체는 우주 안의 사건이므로 그것은 이름이 붙여지기 이전의 우주와 결코 같을 수 없다. 이를 보다 시적으로 표현하면 다음과 같다.

도는 거울과 같은 것이다. 거울을 들여다보는 행위는 분명히 거울의 상태를 변화시킨다. 당신이 거울을 볼 때 거울은 당신의 모습을 비춘다. 거울을 보지 않을 때에는 그렇지 않다. 거울을 보면서 거울을 보지 않을 때의 모습을 찾는 것을 불가능하다. 도의 경우도 마찬가지다. 도에 이름을 붙이면, 그것은 이름을 붙이기 이전에 존재했던 이름이 없던 도와 같을 수 없다."[36)

요컨대 도를 우주 전체에 비유한다면, '도'는 우리가 그 도에 이름을 붙이는 그 순간과 과정에서도 끊임없이 작용하기 때문에 이름이 더해진 도와 이름이 부여되기 이전의 도는 논리적으로 동일할 수 없다. 따라서 도는 원리상 명명할 수 없다. 바로 이렇게 도는 끊임없이 작용한다는 것을 형언하기 위여 노자는 마지못해 '항상 그러한(常)'이라는 말을 사용하여,

'항상 그러한 도'는 혹은 '항상 그러한 이름'은 원리상 설명하거나 명명할 수 없다고 말했던 것이다.

　이제 우리는 『노자』 안에서 이에 대한 설명을 찾아보자. 도에 대한 언명에서 1장과 더불어 가장 주요하다고 간주되는 25장에서 노자는 다음과 같이 말한다.

　　혼연히 이루어진 어떤 무엇이 천지보다 앞서 생겨났다. (소리 없이) 고요하고 (형체 없이) 텅 빔이여! 홀로 서서 변하지 않고 두루 모든 것에 작용하되 위태롭지 않으니, 하늘 아래 만물의 어머니라고 할만하다. 나는 그것의 이름을 알지 못하여, '자(字)'를 지어 '도'라고 부르고, 억지로 이름 지어 무한하게 '크다(大)'라고 한다. 무한하게 크면 끝없이 흘러 작용하며, 끝없이 흘러 작용하면 아주 멀리 궁극에 도달하고, 아주 멀리에 도달하면 다시 자기 자신으로 되돌아온다. 그러므로 도는 크고, 하늘도 크고, 땅도 크고, 왕 또한 크다. 드넓은 우주에 네 가지 큰 것이 있으니, 왕은 그 하나를 차지한다. 사람은 땅을 본받고, 땅은 하늘을 본받고, 하늘을 도를 본받고, 도는 스스로 그와 같으니라.[37]

　이 구절 또한 『노자』 1장과 같이 우주론적인 차원에서 도의 본체와 작용 및 그 체득에 관한 언명이다. 여기서 우선

"혼연히 이루어진 어떤 무엇이 천지보다 앞서 생겨났다."라는 구절을 주목해 보자. 여기서 '혼연히 이루어진 어떤 무엇'이란 14장의 "보아도 알아볼 수 없는 '이'(夷:색깔 없음), 들어도 알아들을 수 없으니 '희'(希:소리 없음), 잡아도 잡히지 않으니 '미'(微:모양 없음)라고 하는데, 이 셋은 나누어서 캐물을 수 없으니, 그러므로 혼용하여 하나가 된다(故混而爲一)."라고 하는 말과 상통한다고 해석할 수 있다. 그렇다면 이 구절은 우리의 감관(感官)에 의해 대상적으로 포착할 수 없지만, 그렇다고 단순히 비존재라고도 할 수 없는 절대적인(一) 그 무엇(有物)이 시간상으로 만물의 어버이로 지칭되는 천지보다 선행한다는 말이다. 이는 도의 시간 초월성을 말하고 있다. 다음 구절의 '적(寂)'은 소리 없음을, 그리고 '료(蓼)'는 형체 없음을 말하는데, 이 또한 형이상자로서 도는 사물적인 속성을 지니지 않는다는 말이다. 그리고 '독립(獨立)'이란 상대성을 초월하는 도의 절대성을, 그리고 '불개(不改)'란 도가 만물을 끊임없이 화생(化生)시키면서도 항상성을 유지하고 있음을 말하는데, 이는 1장에서는 '항상 그러한 도(常道)' 혹은 '항상 그러한 이름(常名)'이라고 말한 것과 같은 맥락이다. 그다음 구절의 '주행이불태(周行而不殆)'에서 '수행'은 도가 존재하는 모든 것에 두루 작용한다는 것을, 그리고 '불태'는 도가 모든 만물을 이롭게 해주면서 상대적인 만물과 다투지 않으므로 위태롭지 않다는 뜻이다. 나아가 "도는 천지의 시작이면서 만물을 가능하게 하는 근거"(1장)라는 점에서 "하늘아래 존재하는 만물의 어머니라고 할만하다(可以爲天下母)."라고 말할 수 있다. 이는 도의 작용을 말하는데, 이 구절은 차후에 다루겠다.

그런데 도와 언어적 정의 및 설명의 문제를 다루는 여기서 우리의 관심은 다음의 "나는 그것의 이름을 알지 못하여, '자(字)'를 지어 '도'라고 부르고, 억지로 이름 지어 무한하게 '크다(大)'라고 한다." 등의 구절이다. 여기서 노자는 '도'란 고정된 어떤 형상을 지닌 무엇(固有)이 아니기 때문에, 무엇이라고 이름을 붙일 수 없기(名可名非常名) 때문에, "그 이름을 알 수 없어(未知其名) 자(字)를 붙여 도라고 부를 따름이다(字之曰道)."라고 말하고 있다. 나아가 노자는 도를 억지로 이름 붙여 또한 '크다(大)'라고 말한다. 여기서 '크다'라는 말은 우주에 존재하는 모든 것을 포괄한다는 것을 말한다. 즉 도는 지극히 커서 우주에 존재하는 모든 것을 포용한다는 것을 측면에서 '크다'라고 말한다. 그리고 모든 것을 포용하면서 모든 것에 작용한다는 점에서 '흘러간다(逝)'라고 말한다. 그런데 이렇게 도는 모든 것을 포용하여 모든 것에 작용하는 궁극적인 존재이면서도 자신의 동일성은 잃지 않고 늘 그러하다(常). 그래서 노자는 도를 궁극(遠)이면서 복귀(反)라고 가칭(假稱)하는 것이다. 나아가 노자는 도란 고정된 무엇(定有)

이 아니라는 점에서 오히려 무(無, 1장) 혹은 무명(無名, 1장 및 32장), 무물(無物, 14장) 등으로 표현하기도 한다. 그러나 여기서 노자가 도를 무(無)라고 표현할 때의 무는 유(有)에 대립되는 그야말로 아무것도 아닌 무(都無 혹은 空無)가 아니라는 점에서[38] 차라리 유(有, 1장), 대(大, 25장), 혹은 일(一)[39]이라고 할 수 있다. 그런데 도를 유, 대, 혹은 일이라고 말하면 이 또한 존재 전체를 지칭하는 그 어떤 무엇으로 오해할 수도 있기에 노자는 오히려 소(小)[40]라고 말한다.

요컨대 명칭과 결부해서 노자는 억지로 자(字)를 지어 '도'라고 칭하고, 이 도가 형상을 지닌 고정된 만물(固有 혹은 定在)과는 근본적으로 다르다는 것을 나타내기 위해서는 부정적인 명칭인 무(無) 혹은 무명(無名)이라고 하여 도의 명명 가능성을 부정한다. 그러나 도를 지칭하기 위해 사용된 이러한 부정적인 언사가 도를 유(有)에 대립되는 비존재로써의 공무(空無)로 오해될 수 있기 때문에, 노자는 만물의 범주로 억지로 명칭하기 위해서 존재 전체를 포괄하면서 그것을 넘어선다는 것을 나타내기 위하여 유(有) 혹은 유명(有名)이라고 말한다. 나아가 그는 도란 우리의 감각으로 포착할 수 있는 것을 넘어서며 나누어질 수 없는 것[41]이기에 만물으로 '크다'고 말했던 것이다. 그러나 단지 크다고 말하면 이 또한 큰 무엇으로 표상할 수 있기에, 그는 도를 오히려 작다(小)고 말하기도 하였다. 노자는 이렇게 도를 지칭하기 위해 무와 유, 무명과 유명, 대와 소와 같은 상호 모순되는 개념을 구사하여 설명하고 있다. 노자의 이러한 용법은 현상계의 사물에 적용된 것이라면 전혀 무의미한 것이 될 것이지만, 이는 형이상자인 도를 지시하기 위해 마지못해 사용한 '방편적'이라는 것을 기억해야 한다. 노자의 다음과 같은 진술은 이를 잘 말해 준다.

보아도 알아볼 수 없으니 '이(夷)'라고 말하고, 들어도 알아들을 수 없으니 '희(希)'라고 말하고, 잡아도 잡히지 않으니 '미(微)'라고 말한다. 이 셋은 나누어서 캐물을 수 없으니, 그러므로 혼융(混融)하여 하나가 된다. 그 위를 밝히지 않고 그 아래를 어둡지 않게 하며, 이어지고 이어지는지라 무엇이라고 명명할 수 없다. 어떠한 물상(物象)도 지니지 않는 데로 돌아가니, 이를 일컬어 모양 없는 모양이며, 어떠한 것도 없는 형상이라고 하고, 이를 일컬어 황홀하다고 한다. 맞이해도 그 머리를 알아볼 수 없고, 뒤따라도 그 후미를 알아볼 수 없다. 옛 도를 가지고 오늘의 온갖 일을 제어하면 태고의 시작을 알 수 있으니, 이를 일컬어 도의 벼리라고 말한다.[42]

요컨대 형상 없는 도는 형상을 지닌 만물과 차원을 달리하기 때문에 우리의 감관으로 지각할 수 없다(초월성)는 점에서 형상을 지닌 것을 설명하는 언어로 말할 수도 없다는 것이다. 그러나 이렇게 감각으로 지각할 수 없다고 전적으로 존재하지 않는 것, 즉 비존재라고 말할 수도 없다. 그래서 "이어지고 이어지므로 무엇이라 이름 지을 수 없다(繩繩不可名)."[43] 라고 말한 것이다. 즉 도가 언제 어디서나 끊임없이 만물을 화생(化生)하지만 어떤 형상을 지닌 것이 아니기 때문에 무엇이라고 명명할 수 없다는 것이다. 즉 왕필이 해설하고 있듯이, 노자는 도란 "없다고 말하려 하지만 만물이 그로 말미암아 이루어진다는 점에서 있다고 말해야 하며, 있다고 말하려 하지만 그 형체를 볼 수 없다. 따라서 모양 없는 모양이요, 어떠한 것도 없는 형상이라고 말한 것이다."[44] 요컨대 도를 억지로 형언한다면 "황홀(恍惚)하다"라고 밖에 달리 표현할 수 없다. 그렇다면 "황홀하다"라는 것은 어떤 사태를 형언한 것인가? 노자는 다음과 같이 풀이하고 있다.

도라는 것은 오직 황홀할 따름이다. 홀하고 황하다! 그 가운데 형상이 있다. 황하고 홀하다! 그 가운데 무엇이 있다. 그윽하고 아득하여라, 그 가운데 알맹이가 있다. 그 알맹이는 심히 참되니 그 가운데 믿음직스러움을 갖추고 있다. 예로부터 지금까지 그 이름이 사라지지 않으므로 뭇 존재의 창시를 본다. 나는 무엇으로 뭇 존재의 창시가 그러하다는 것을 아는가? 이것에 의해서니라.[45]

이렇게 도의 됨됨이를 형용하는 황홀이란 "구체적 형체가 없고, 어디에 매여 있지 않는 모습을 찬탄한 것으로"[46] 없는 것 같지만, 어떤 조짐이 분명히 존재하고, 있는 것 같지만 그 실체를 알아볼 수 없는 미묘한 상태를 말한다.

이제 여기서 우리는 지금까지의 논의를 바탕으로 노자가 말하는 도, 혹은 상도(常道), 상명(常名)을 정의해보자. 그것은 우선 천지 만물을 화생시키는 근거지만(天地萬物之所由), 자기 자신에 대해서는 자기 근거로써 스스로 그와 같다(17장, 25장). 즉 그것은 우선 ① 스스로 그와 같은(自然) 자기충족적인 본래 자재(自在)함, 즉 현대적인 용어로 말하면 물리적 인과성을 초출(超出)하는 자기 원인으로써 천지 만물의 근본이다(4장). ② 물리적 공간으로 말하면 지극히 커서 그 어느 곳에나 편재(遍在)하지만, 또한 어떠한 형상도 지니지 않는다는 점에서 지극히 작다고 할 수 있다(34장). 바로 이 점에서 상도는 공간 초월적이다. 그러나 그것은 공간을 지닌 만물의 모태로(1장), 말하자면 공간을 공간이게 하는 작용을 하는 것이다. ③ 물리적 시간으로 말하면 시작도 끝도 없어(無始無終) 물리적 시간을 초월하지만(25장), 언제나 시간을 시간이게 하는 작용을 한다(1장, 25장). ④ 형상을 지닌 만물을 초월하지만 언제 어디서나 만물을 바로 그 만물이게 한다(32장, 37장). 바로 이 때문에 상도는 시공의 제약을 받는 사물을 설명하는 언어로 설명할 수 없다. 언어를 언어이게 하는 것이 상도인데 어떻게 언어로 상도를 설명할 수 있겠는가? 그리고 노자가 1장에서 말한 상명은 만물을 화생하는 본래 그러한 자의 자기 언명으로 명명되어 이름을 지니는 자(可名)와는 다르게 무명(無名)이므로, 언어로 설명할 수 없는 상도와 같다(玄同).

　지금까지 우리는 도와 언어의 문제를 다루었다. 요컨대 노자는 형상을 지닌 만물의 근원이 되는 도란 형이상자이기 때문에 '원리상' 형이하의 사물을 설명하는 언어로 설명할 수 없고, 이름을 지어 개념화할 수 없다고 말했다. 주지하듯이 동서고금을 통해 면면히 전해 내려오는 형이상학의 주제인 형이상자는 '자연을 넘어서(meta-physica)'라는 그 어원이 말해주듯이 사물적인 형상을 초월한다. 그런데 문자 그대로 사물적인 형상을 초월하는 형이상자를 도라고 말하는 노자는 일상적인 의식에 사로잡혀 형이상과 형이하를 구분하지 못하여 '형이상자'인 도를 사물적인 것으로 간주하는 일반인의 관점을 전환시키기 위하여 부득이하게 부정적인 언사를 통해 도를 지시한다. 그러나 이러한 부정적인 언사만으로는 도의 참된 본체(眞體)를 온전히 제시하기에는 부족하다. 그래서 그는 여러 가지 상징(樸, 水, 雌)을 사용하여 도를 암시하고 지시한다. 그리고 도가 단순히 초월계에만 존재하는 이념적인 그 무엇(초월자)이거나, 문자 그대로 아무것도 아닌 것은 아니라는 점에서, 노자는 현덕(玄德) 혹은 상덕(常德)이라는 용어를 사용하여 도가 천지 만물 가운데 어떻게 작용하는지를 설명한다.

도와 덕은 무엇을 하는가?

이제 우리는 도가 어떤 작용을 하는지 살펴볼 때가 되었다. 앞 절에서 도와 언어적 정의의 문제를 다루면서 우리는 노자가 "도라는 것은 원리적으로 설명하거나 명명할 수 없다."라는 것을 전제하면서도, 일상인들의 관심을 인도하기 위해 일견 상호 모순되는 용어를 사용하여 도를 지시하는 것을 살펴보았다. 이제 우리는 원리상 설명하거나 명명할 수는 없는 도가 어떤 작용과 역할을 수행하는 지에 대해 살펴보자.

노자는 우주발생론적 차원에서 도의 작용을 상호 모순되지만, 같은 곳에서 나온 다른 이름(同出而異名)인 무(無, 無名)와 유(有, 無名) 개념을 통해 다음과 같이 규정하고 있다.

무(無, 無名)는 천지의 시작을 말하며, 유(有, 有名)는 만
　물의 모태다.[47]

　　이 구절의 무와 유는 하나의 고유명사로 보고 해석하거나[48]
혹은 부정사로 보아 이름 없음(有名)과 이름 있음(無名)으로
해석할 수도 있지만,[49] 어떻게 해석하더라도 그것이 도의 작
용을 지시하기 위해 시설된 동일자의 다른 이름이라는 점에
서 차이는 없다.[50] 요컨대 시작도 끝도 없는 도가 시간화작
용을 통해 천지를 가동시켰으며, 나아가 공간화작용을 통해
만물을 낳는다는 것을 말해 준다. 즉 궁극의 도가 시공화생
(時空化生, time-space-play) 작용을 통해 천지를 가동시켜 만물
을 생성한다는 말이다.[51]
　　앞서 살펴보았듯이 설명하거나 명명할 수 없는 도는 감각
적 지각을 초월한다는 점에서 '무' 혹은 '무명'이라고 말할 수
있지만, 그것은 천지가 생겨나기 이전에 생겨나서[52] 천지를
가동시켰다. 그런데 이러한 도를 단순히 '무' 혹은 '무명'이라
고 말하면 일반 사람들은 이것을 '유'에 대립되는 '공무(空無)'
로 생각할 수 있다. 그래서 공무에서는 아무것도 발생할 수
없다는 점에서, 차라리 '유' 혹은 '유명'이라고 말하여 그 어
떤 무엇에서 만물이 발생하였다는 것을 말하고 있다. 『노자
의 철학』을 지은 오오하마 아키라(大浜皓)는 이를 다음과 같

이 설명한다.

시작이 단순히 유(有)라면, 만물을 낳는 유가 될 수 없다. 왜냐하면 유는 한정되기 때문이다. 따라서 시작은 무(無)여야 한다. 그러나 전적으로 무인 것은 아니다. 전적으로 무인 것은 아무것도 할 수 없기 때문이다. 그렇다면 시작은 무이면서 유여야 한다. 즉 무와 유를 포함하면서 초월해야 한다. …… 시작은 만물이 아직 만물로 생겨나지 않은 시기라는 관점에서 보면 무지만, 만물을 만드는 작용을 지니고 있는 이상 전적으로 무는 아니다. 따라서 유라고 할 수 있다. 유인 이상 이름도 있기 때문에 이름이 있는 것(有名)이라고 할 수 있다.[53]

요컨대 우주발생론적(cosmogonical)으로 말하면 다음과 같다. 즉 만일 우리가 '유(有)'는 '유(有)'에서 나왔다고 말하면 우리는 유의 근원을 다시 물어야 하고, 이렇게 하면 무한연쇄의 악순환에 빠지게 된다. 그래서 노자는 "천지 만물은 유에서 생겨났지만, 그 유는 무에서 생겨났다."[54] 혹은 "무(無名)는 천지의 시작이다."라고 말하고 있다. 그런데 '유'에 대립되는 그야말로 아무것도 없는 '공무'에서는 아무것도 발생할 수 없다(ex nihilo nihil)는 것은 공리다. 따라서 만물의 근원이

되는 무는 공무가 아니라, 차라리 유 혹은 유명이라고 불러야 한다. 그래서 노자는 "유(유명)는 만물의 모태다."라고 말하고 있다. 즉 천지 만물의 근원을 또 다른 하나의 어떤 유, 즉 만물 중 하나의 사물(萬物中一物)이라고 할 수도 없고, 나아가 유에 대립하는 전적인 무라고도 할 수 없는 상황에서 노자는 유와 무를 포함하고 초월하는 것을 일러 도라 하고, 이것을 천지와 만물의 근원이라고 말하고 있다. 그런데 이 도는 천지를 가동시켰지만 어떠한 형상도 없다는 측면에서는 무 혹은 무명이지만(無名天地之始), 존재하는 모든 만물을 낳는 모태라는 점에서는 단순히 무라고 할 수 없기에 오히려 유 혹은 유명이라고 말할 수밖에 없다(有名萬物之母). 요컨대 여기서 노자가 말하는 무(무명)와 유(유명)는 병존 혹은 대립되는 두 가지 물건이 아니다. 만물을 생성하는 동기를 생성된 만물과 구별된다는 점에서는 무(무명)라고 칭하고, 이 무(무명)가 전적인 무가 아니라 천지 만물을 낳는 작용을 한다는 점에서 차라리 유(유명)라고 말한다. 그렇다면 유(유명)의 근원이 무(무명)고, 유(유명)는 무(무명)의 작용을 말한다고 하겠다. 그러므로 유(유명)와 무(무명)는 같은 도에서 유래한 동일자의 다른 이름이며, 천지 만물을 생성하는 도의 두 계기라고 하겠다. 그래서 노자는 유(유명)와 무(우명)가 서로를 낳으면서[55] 만물을 산출하는데, 그것을 '현묘(玄)'하다고 찬탄하는 것이

다.[56)]

  그런데 이렇게 현묘하며 늘 그러한 도(常道)는 시간적으로 천지를 가동시켰으며 공간적으로 만물을 낳는 존재근거라고 할 수 있으며(道生之, 51장), 만물은 이 도로부터 존재근거를 부여받고 태어났다. 만물이 도로부터 존재근거를 부여받아 현실적으로 얻어 지니고 태어난 것을 덕이라고 한다(德得也). 그래서 노자는 도와 덕의 관계는 다음과 같다 말하고 있다.

  옛날에 하나(道)를 얻은 자가 있으니 : 하늘은 하나를 얻어 맑고, 땅은 하나를 얻어 평안하고, 정신은 하나를 얻어 신령스럽고, 계곡은 하나를 얻어 채우고, 만물은 하나를 얻어 생겨났고. 제후와 임금은 하나를 얻어 천하를 곧게 하였는데, 이런 모든 것들을 이룬 것은 하나다.[57)]

  이렇게 노자는 '항상 그러한 도(常道)'가 천지 만물에 부여되어 작용하는 것을 일러 '항상 그러한 덕(常德)' 혹은 '현묘한 덕(玄德)[58)]'이라고 말한다. 그는 이를 다음과 같이 묘사하고 있다.

  만물을 키우고 돌보며, 형성하고 완숙하게 하고, 감싸고 어루만져 주면서, 낳았으되 소유하지 않고, 이루되 자랑하

지 않고, 기르되 주재하지 않으니, 이를 일러 '현묘한 덕'이라고 한다.[59]

즉 '현묘한 덕'이란 어떠한 맛도 없고(無味),[60] 사사롭게 일삼음도 없고(無事),[61] 형상이나 작위 없이 만물에 두루 작용하되 이루지 않는 것이 없지만,[62] 공을 이루어도 거기에 기거하지 않음으로써 오히려 항존하는 도를 지칭한다.[63] 노자는 또한 도의 작용으로써 현묘한 덕을 '항상 그러한 덕'이라 하여 다음과 같이 서술하고 있다.

수컷을 알면서도 그 암컷을 지키면 천하의 계곡이 된다. 천하의 계곡이 되면 항상 그러한 덕이 떠나지 않아 다시 어린아이로 돌아간다. 그 밝음을 알면서도 그 어두움을 지키면 천하의 법칙이 되며, 천하의 법칙이 되니 항상 그러한 덕이 어긋나지 않아 다시 끝없음(道)으로 돌아간다. 그 영화로움을 알면서도 그 치욕스러움을 지키면 천하의 골짜기가 된다. 천하의 골짜기가 되면 항상 그러한 덕이 갖추어져 다시 통나무(=道)로 돌아간다.[64]

이렇게 '항상 그러한 덕'이란 유와 무, 어려움과 쉬움, 김과 짧음, 높음과 낮음, 앞과 뒤(2장), 암컷과 수컷, 검음과 흼, 영

광과 치욕(28장), 수축과 팽창, 약함과 강함, 폐함과 흥함, 소여와 탈취(36장) 등 상대되는 것들을 서로 돌이켜서 근본, 무극, 무명, 무물(無物)로 복귀하는 도의 작용[65]을 말한다. 이러한 천지 만물에 대한 도의 작용으로써 '항상 그러한 덕' 혹은 '현묘한 덕'은 형상이나 작위 없이 만물에 작용하기 때문에 강한 것이 아니라 오히려 유약한 것이라고 할 수 있지만,[66] 두루 이루지 않는 것이 없다. 노자는 도에서 유래하는 이러한 덕을 일반적인 사람들이 말하는 낮은 덕(下德)과 구별한다. 이러한 구별은 노자가 덕에 관해 총괄적인 언명을 해 주는 『덕경』1장(38장)에 잘 나타나 있다.

上德不德, 是以有德, 下德不失德. 是以無德. 上德 無爲而無以爲, 下德 爲之而有以爲. 上仁 爲之而無以爲, 上義 爲之而有以爲, 上禮 爲之而莫之應, 則攘臂而仍之. 故 失道而後德, 失德而後 仁, 失仁而後 義, 失義而後 禮. 夫禮者 忠信之薄, 而亂之首. 前識者 道之華, 而愚之始. 是以 大丈夫 處其厚, 不居其薄 處其實, 不居其華. 故 去彼取此.

최상의 덕은 덕스럽지 않으니, 그러므로 오히려 덕이 있다. 낮은 덕은 덕스러움을 잃지 않으니, 그러므로 덕이 없다. 최상의 덕은 인위적인 작위함이 없으며, 의지에 의해 실행에 옮겨지는 것이 아니다. 낮은 덕은 인위적인 작위함도 있으며, 의지에 의해 실행에 옮겨진다. 최상의 인은 인위적으로 작위하지만, 의지에 의해 실행에 옮겨지는 것은 아니며, 최상의 의는 인위적으로 작위하면서 의지에 의해 실행에 옮겨지며, 최상의 예는 작위하면서 다른 사람이 호응하지 않으면 팔을 걷어붙이고 잡아당긴다. 그러므로 덕을 상실한 이후에 덕이 있게 되었고, 덕을 상실한 이후에 인이 있게 되었고, 인을 상실한 이후에 의가 있게 되었고, 의를 상실한 이후에 예가 강요되었다. 대저 예라는 것은 충과 신이 엷어진 것이며 어지러움의 머리며, 미리 아는 것(지혜)은 도의 헛된 꽃이며 어리석음의 시작이다. 그러므로 대장부는 충과 신이 두터운 곳에 처하고, 그 엷음에 기거하지 않으며, 도의 열매에 처하지 그 헛된 꽃에 기거하지 않으니, 그러므로 저것을 버리고 이것을 취한다.

앞서 말했듯이 도는 만물의 근본으로 형상 없이 무위(無爲)로 작용하는데, 덕은 이 도를 따름(孔德之容 惟道是從, 21장)으로써 우리 마음에 체득되어(行道而得於心者) 행해진다. 그래서 최상의 덕이란 도를 행하겠다는 어떠한 작심(作心)과 작위(作爲)가 없이 오직 무심(無心)과 무위(無爲)로 그를 자연스럽게 그대로 실천하는 것을 말한다. 그런데 낮은 덕이란 도라는 것을 사물적인 무엇으로 표상하며 그것을 염두에 두고(有

心) 애써 실천하는 것을 말한다. 그런데 도는 어떠한 형상도 지니지 않으므로 어떠한 이름도 부가할 수 없으며, 단지 무위로 작용할 따름이다. 따라서 최상의 덕은 어떠한 형상으로 덕스러운 것을 표상하지 않고(上德不德), 무형(無形)의 도를 그대로 자연스럽게 따름으로써 진정한 덕을 체득함이 있게 된다(是以有德). 나아가 이러한 최상의 덕은 오직 도에 따를 뿐이기 때문에, 도가 무위로 작용하듯이 오직 무위하면서(上德無爲) 무심으로 도를 행할 뿐(無以爲)이며, 도를 염두에 두고 고의로 실천하지 않는다. 그런데 낮은 덕은 도를 사물적인 어떤 무엇으로 표상하여, 이 표상된 도를 실천하여 그 덕스러움을 잃지 않으려 하기 때문에(不失德) 무형의 도에서 유래하는 진정한 덕을 체득함이 없게 된다(是以無德). 이러한 낮은 덕은 덕을 억지로 행하려 하며(爲之), 덕이라는 것을 마음에 표상하여 그것을 힘써 실행하려고 한다(有以爲). 나아가 노자는 무위하면서 어떤 무엇을 표상하지 않고 실천되는 최상의 덕에서 낮은 덕인 유교적인 인·의·예로 전락되는 과정을 기술하고, 인과 의 그리고 예가 어떻게 실행되는 것인지를 규정하면서 유가의 덕 개념을 낮은 것이라고 비판하고 있다.

노자가 유가의 덕 개념을 비판하는 논지는 이렇다. 즉 최상의 인은 비록 인위적인 작위를 통해 실천되지만(爲之), 그것을 실천하겠다는 것을 염두에 두지 않고 자발적으로 우러

나온다(無以爲). 최상의 의는 인위적인 작위를 통해 실천(爲
之)될 뿐만 아니라, 그것을 행해야겠다는 의지를 가짐으로써
실천(有以爲)된다. 최상의 예는 인위적인 작위를 통해 실천(爲
之)될 뿐만 아니라, 예에 따르지 않는 사람에게 그것에 따르
도록 강요한다(莫之應則攘臂而扔之). 따라서 도 자체가 자연적
으로 행해지지 않자 덕이라는 개념이 있게 되었으며, 무위와
무심으로 행해지는 최상의 덕이 행해지지 않게 되자 작위와
그것을 실천하겠다는 의지를 갖고 실행되는 의가 있게 되었
다. 작위와 작심으로 실천되는 의가 행해지지 않게 되자, 인
위적인 작위로 실천되면서 타자에게 그 실천을 강요하는 예
가 있게 되었다는 것이다. 그렇다면 이러한 유가의 덕 개념에
대한 노자의 비판은 과연 정당한 것일까?

주지하듯이 인 개념의 실질적인 창시자는 공자였다. 공자
의 언행을 기록해 놓은 『논어』를 살펴보면, 인 개념을 다룬
것이 전체 499절 가운데 58번이며, 인이란 글자만 105번 출
현한다. 여기서 공자는 인을 사람의 보편적 덕(人之全德)으로
정립하면서 다음과 같이 말했다.

사람으로서 어질지(仁) 못하다면 예절(禮)을 잘 실천한
다고 하여도 무슨 소용이 있으며, 음악(樂)을 잘 한다고 하
여도 무슨 소용이 있겠는가?[67]

그런데 공자는 이러한 인의 실천 방법을 제시하면서 "사사
로운 자기를 이기고 예로 되돌아오는 것(克己復禮爲仁, 12:1)"
"뜻있는 선비와 어진 사람은 …… 몸을 희생하면서도 인을
이룸이 있다(志士仁人 …… 有殺身而成仁, 14:8)." 등과 같이 말하
며 그것이 지극히 어려운 일임을 역설하였다. 즉 공자는 인이
란 끊임없는 자기훈육, 자기절제를 통해 실천된다고 말하는
듯하다(1:3, 4:6, 5:4, 5:18, 6:20, 7:33, 9:28, 12:3, 14:2 참조). 바로 이
점에 착안한다면, "인이란 힘써 실천함(爲之)으로 이룩된다."
라고 한 노자의 비판은 정당하다.

　　그러나 공자는 『논어』에서 인의 실천을 편안함(安)과 연관
시키기도 하였다.[68] 그래서 공자의 사상을 계승한 맹자는 인
을 사람의 본성으로 규정하면서(仁也者 人也, 『맹자』 7하:16), 인
을 인간의 편안한 집(仁 人之安宅, 4상:10)이라고 말하고 있다.
요컨대 맹자는 도처에서 인을 식물, 나무, 생장하는 곡식 등
유기체에 은유하면서 인의 실천은 유기체의 성장, 실현, 성숙
과 같이 자연스럽게 진행되는 것임을 역설하였다. 나아가 맹
자가 인간의 본성이 어질다는 것을 증명하는 곳을 살펴보
면(맹자 2상:6 「孺子入井章」), 우리는 맹자가 인의 단서인 '측은
해 하는 마음(惻隱之心)'이 무조건적이며 자발적으로 본성에
서 저절로 나타나는 것으로 제시하고 있음을 살펴볼 수 있
다. 바로 이 점을 고려한다면 우리는 노자가 "인이란 인위적

인 작위를 통해 행해지는 것은 아니다."라고 말한 점은 받아들일 수 있지만, "인이 실행하겠다는 의지에 의해 실천된다."라고 주장한 것은 잘못된 것이라고 말할 수 있다. 나아가 맹자의 의 또한 인이란 본성을 지니고 태어난 인간의 바른길(人之正路, 當行之路), 즉 인의 외표(居仁由義)라는 점에서 작심에 의해 작위로 실천되는 것이라고 말하기 어렵다. 요컨대 유가의 의는 존재근거 혹은 내적 본성에 말미암아 마땅히 가야 하는 길이라는 점에서 자연적인 것이지, 유위적인 것이 아니다. 나아가 유가의 예 또한 인의에 근거를 두고 자발적으로 실천되는 것이지 외적 강제로 부가되는 것은 아니다.[69] 다음과 같은 주자(朱子)의 해설을 살펴보자.

> 하늘이 백성을 냄에 각기 본성을 주었으나, 본성은 사물이 아니라 단지 나에게 있는 하나의 도리일 따름이다. 인은 온화하고 자애로운 도리고, 의는 끊고 절제하며 마름질하고 베어내는 도리며, 예는 공경하고 예절을 지키는 도리고, 지(智)는 시비를 분별하는 도리다. 이 네 가지는 사람 마음에 갖추어져 있는 것으로 본성의 본체다.[70]

요컨대 공자와 맹자, 그리고 주자 등으로 대표되는 유가는 인의예지를 인간 본성의 도리로 총괄적이며 자연스럽게 실천되는 것으로 제시하고 있다. 그렇다면 노자가 유교적인 인의예를 축차적(逐次的)인 것으로 보고, 인이 상실된 이후 의가 출현하였고, 의가 상실된 이후에 예가 제시되어 인간에게 외적 강제를 부가한다고 비판하고 있는데, 이는 분명 잘못된 비판이다. 이렇게 본다면, 중국의 양대 학파인 유가와 도가는 자연을 본받는다고 하는 '법자연(法自然)' 사상을 표방한다는 데에는 공통점이 있다.

도의 체득과 실천

앞서 우리는 도란 무엇이며, 그것은 천지 만물과 연관해서 어떤 작용을 수행하는지 살펴보았다. 이제 이러한 도를 어떻게 관조하며, 체득하여 실천할 수 있는가 하는 문제를 다루어 보자. 노자는 1장에서 도의 관조에 대해 다음과 같이 간명하게 제시하고 있다. 논란이 많은 구절이므로, 통행본과 아울러 백서본의 원문을 함께 살펴보도록 하자.

통행본 : 故常無欲以觀其妙 常有欲以觀其傲
백서본 : 故恒無欲也 以觀其妙 恒有欲也 以觀其所噭[71]

이 구절은 노자의 존재론적 윤리학이 제시된 대표적인 구절로 도를 체득하는 입도공부에 대해 말하고 있다.[72] 일반적으로 『노자』를 위시한 도가에서는 인간의 인위적인 욕망을 의미하는 '유욕(有欲)'에 대해 끊임없이 비판하면서 무위, 무지, 무욕 등을 역설한 것으로 간주되었다. 그래서 이 구절은 주로 '상무(常無)' '상유(常有)'에서 끊고, '욕(欲)'이하를 하나의 구절로 해석해 왔다. 그런데 앞에서 제시한 현행 통행본 이전의 백서본을 보면 욕(欲)자 다음에 어조사(也)가 분명히 있다. 따라서 이 구절은 '무욕(無欲)'과 '유욕(有欲)'에서 끊어 읽어야 한다고 말하고 있다. 물론 진고응과 같은 학자는 『노자』 1장은 「도체장」으로 유(有)와 무(無)는 형이상학적 범주며, 백서본처럼 읽으면 이는 인생철학이 되므로 백서본을 기준으로 할 수 없다."라고 주장하기도 한다.[73] 그러나 한편으로 유와 무가 단순히 욕(欲)의 긍정 혹은 부정을 나타내는 말이 아니라 도의 다른 이름(同出異名)으로 형이상학적인 범주라는 진고응의 주장에 동의하면서도, 끊어 읽기의 문제에서 이전 판본인 백서본이 중요한 시사점을 주고 있다고 생각한다. 그래서 우리는 '상무'와 '상유'를 연속적으로 읽어야 한다는 고형(高亨)의 주장을 받아들인다.[74] 그렇다면 "상무욕이관기묘(常無欲以觀其妙)"는 "욕(欲) 이상무(以'常無') 관기묘(觀其妙)"로, "상유욕이관기교(常有欲以觀其徼)"는 "욕(欲) 이상유(以

55

'常有') 관기교(觀其徼)"로 읽고자 한다. 그런데 문제는 여기서 나타난 '욕(欲)'의 의미다. 백서본에 욕(欲)이 긍정적으로 쓰인 용례가 몇 군데 있다.

통행본 : 我獨異於人 而貴食母.(20장)
백서본 : 吾欲獨異於人 而貴食母

통행본 : 夫佳兵者 不祥之器 物或惡之 故有道者不處(31장)
백서본 : 夫兵者 不祥之器也 物或惡之 故有欲者弗居

통행본 : 我無欲而民自樸(57장)
백서본 : 我欲不欲而民自樸[75]

　백서본에 나타난 '욕'은 단순히 심리적인 욕망(desire)을 의미하는 것이 아니라, 「자전」에 나타나 있듯이 윤리적인 언사로써 "마땅히 희구(希求), 화동(和同), 수순(隨順)하다."라는 뜻이다.[76]
　그리고 '상(常)'이란 만물을 화생하면서 본래 그러한 도의 자재함을, '무(無)'는 천지 만물의 생성적 봉기도시 드니니세 않음(隱)을 말하며, '유(有)'는 무가 드러난 현상(顯)이다. 그렇다면 이 구절은 "그러므로 도를 구하는 자는 마땅히 항상 그러한 무, 즉 본래 자재한 무를 희구하여 천지 만물의 생성적 동기인 도의 오묘함 관조해야 한다. 그리고 항상 그러한 유를 희구하여 마땅히 도의 가장자리, 즉 천지 만물에 현현되어 있는 도를 관조해야 한다."라고 풀이할 수 있다. 그래서 명대의 학승 감산은 이 구절을 다음과 같이 풀이하고 있다.

내가 무(無)를 본다고 한 것은 단지 무(無) 하나만을 본다는 게 아니라 아무것도 없는 근본과 더불어 만물을 생성하는 조화의 오묘함도 함께 관조한다는 것이다. 또 내가 유(有)를 본다고 함은 그저 유(有)만이 아니라 삼라만상에 오묘한 도가 온전히 갖추어져 있음도 동시에 관조한다는 말이다.[77]

요컨대 우리는 비록 형상이 없다는 점에서 '무'라고 할 수 있지만 이 형상 없는 '무'적인 도가 만물을 생성하는 오묘한 것이라는 것, 그리고 모든 삼라만상은 단순히 존재하는 것이 아니라 거기에 그 생성의 동기인 도가 작용하여 현현되어 있다는 것을 관조할 수 있어야 한다는 것이다. 그래서 노자는 다음과 같이 말하고 있다.

天下有始 以爲天下母. 旣得其母 以知其子, 旣知其子 復守其母, 歿身不殆.

　천하에 시작이 있어, 천하의 모태라고 한다. 그 어미(道)
를 앎으로 그 자식(萬物)을 알고, 그 자식을 앎으로 다시
그 어미를 지키면, 몸이 다할 때까지 위태롭지 않다.[78]

　즉 형상 없는 도가 작용하여 만물을 생성한다는 점에서[79]
도는 천하에 존재하는 만물의 어머니며,[80] 따라서 만물은 도
의 자식에 비유할 수 있다. 그런데 도는 만물을 떠나 만물과
병존하는 또 다른 별개의 어떤 사물이 아니다. 이 세계에 존
재하는 것은 오직 만물뿐이며, 도는 이 만물의 생성적 동기
로 무(無)적인 것이다. 만물의 생성적 동기인 어머니로서의 도
를 알면 그 자식인 만물 또한 알아야 한다. 만일 도만 알고
자식인 만물을 알지 못한다면, 도는 무(無)적인 것이기 때문
에 허무적멸에 빠지고 말 것이다(斷空滅). 그런데 만일 자식
인 만물만 알고 그 어머니인 도를 알지 못하면, 유(有)에 집착
한 나머지 존재하는 만물에 이끌려 도를 벗어나게 되며, 도를
벗어나면 자연의 질서를 벗어나 일찍 죽고 만다.[81] 그래서 그
자식을 앎으로써 다시 그 어미를 지키면 몸이 다할 때까지
위태롭지 않다고 말한 것이다. 그렇다면 이제 문제는 우리가
어떻게 형상을 넘어서는 도를 체득하여 실현할 수 있는가 하
는 것이다.

도의 체득에 대해서 노자는 '포일(抱一)'[82] '견소포박(見小抱樸)'[83] 혹은 '수중(守中)'[84] 등과 같은 표현을 쓰고 있다. 그런데 노자가 말하는 도의 체득 이념은 다음 구절에 가장 잘 드러나 있다.

학문을 하면 지식이 나날이 늘어나고, 도를 행하면(爲道) 나날이 줄어든다. 줄어들고 또 줄어들어 무위에 이르는데, 무위하면서 행하지(이루지) 않음이 없다. 천하는 항상 무사(無事)로 취해야 하며, 만일 일삼음이 있다면(有事) 천하를 취하기에 부족하다.[85]

이 구절은 "학문을 끊으니 근심걱정이 없어졌다(絶學無憂, 20장)."라는 말과 연결되는 구절로 인위적인 유위정치(有爲之治)를 부정하고, 도에 의한 무위정치(無爲之治)를 역설하고 있다. 따라서 여기서 노자가 말하는 '학문'이란 유교적인 '정치와 교화(正敎)' 그리고 '예절과 음악(禮樂)'이라고 해석할 수 있다.[86] 나아가 여기서 노자가 말하는 학문은 현대적인 관점에서 거시적으로 고찰하면, 감각적인 경험으로 외적 대상을 탐구하는 활동인 과학을 말한다. 외적 대상을 탐구하는 과학적 활동을 하면 지식이 나날이 늘어난다. 그러나 형이상자로 형체가 없는 도를 체득, 실천하기 위해서는 인간이 지닌 자아에 대한 표상(我相)과 집착 그리고 거기에서 유래하는 사욕을 점차 줄여야만 한다. 이러한 집착과 사욕을 줄이는 실천 수행을 오랫동안 계속하면 모든 행위는 고의(固意)로 하지 않아도 자연스럽게 도에 합치한다(無爲自然). 이렇게 모든 행위가 자연스럽게 도에 합치하면 억지로 하지 않아도 이루지 않는 것이 없다(無爲而無不爲).

그런데 여기서 노자가 말하는 '위학(爲學)'과 '위도(爲道)'는 비슷한 시기의 공자가 말한 '형이하적인 학문(下學)'과 '형이상자에의 통달(上達=知天命)'에 각각 유비될 수 있다. 이것은 형이하학(과학)과 형이상학(철학)의 차이를 나타내는 결정적인 문제라고 생각되기에 상세히 보고자 한다. 이에 해당하는 공자의 언명은 다음과 같다.

"군자는 형이상자에 통달하지만(上達), 소인은 형이하자에 통달한다(下達)."[87]
"중인(中人) 이상은 형이상자를 말할 수 있지만, 중인이 하는 형이상자를 말할 수 없다."[88]
"군자는 …… 하늘의 명령(天命)을 두려워하지만, …… 소인(小人)은 하늘의 명령을 알지 못하고 두려워하지도 않는다."[89]
"나를 아는 자가 없을 것이다. …… 하늘을 원망하지 않

고, 남을 탓하지 않고, 아래로 형이하자를 배우면서 형이상
자에 통했으니(下學而上達), 나를 아는 자는 하늘일 것이
다."[90]

　여기서 공자가 말하는 중인 이하의 소인도 가능한 '하달
(下達)'이란 형상을 지닌 형이하자(器)에 대한 지식을 많이 지
니고 있음을 말한다. 형이하자에 대한 지식은 상대적이기 때
문에 소자유(蘇子由)는 "둥근 것으로 모난 것을 해치며 곧은
것으로 굽은 것을 해치면 그 가운데 서로 얽힌 모양을 걱정
하게 만든다. 배우는 사람들이 이런 상황에 이를 것을 염려
하여 '배움을 끊으면 근심 걱정이 사라진다.'라고 말했다."라
며 설득력 있게 해석하고 있다.[91]

　그런데 공자도 50세가 되어서 가능했던 '하늘의 명령을 하
는 것(知天命)'과 '형이상자에 대한 통달(上達)'은 형이상자인
하늘에 대한 철학적 관조를 말한다. 이러한 철학적 관조는
플라톤이 오직 정치를 펼칠 사람으로 선발된 소수의 사람에
게만 50세에 가서야 가르치라고 말했듯이,[92] 공자 또한 "소인
은 하늘의 명령(天命)을 알지 못하면서 두려워하지도 않으며,
오직 중인 이상만 '형이상'을 말할 수 있다."라고 말하고 있다.
또한 공자는 "형이하적인 지식에 전통한 동시에 형이상자에
달통(下學而上達)'한 자신의 경지에 대해 일반인들은 거의 알

지 못하며, 따라서 오직 하늘만이 자신을 알 것이다."라고 말하고 있다. 노자 또한 유사한 말을 했다.

> 최상의 선비는 도를 들으면 부지런히 실천한다. 보통의 선비가 도를 들으면 있을까 없을까 반신반의한다. 하등의 선비는 도를 들으면 크게 비웃을 것이다. 하등의 선비가 비웃지 않는다면 도가 되기에 부족하다.[93]

이렇게 노자가 말하는 도의 실천(爲道) 이념은 공자의 형이상학자에 대한 통달(上達) 혹은 하늘의 명령을 앎(知天命)과 같이 철학적 관조에 비결될 수 있다. 여기서 노자는 형상 없는 도를 실천하여 덜어내고 또 덜어내고 마침내 '무위'에 도달하고, 무위로 행하면 이루어 지지 않음이 없으며(無不爲), 나아가 이렇게 무위함으로써 이루지 않음이 없는 성인은 전쟁을 일으키는 일이 없지만(無事) 오히려 천하를 취하게 된다고 말하고 있다.

그런데 이는 공자가 다음과 같이 한 말과 상당히 대비된다.

> "50세에 하늘의 명령을 깨달았고(知天命), 60세에 귀가 순해졌고(耳順), 70세에 마음이 하고자 하는 바를 쫓아도 법도를 넘지 않았다."[94]

형이상자(궁극자)를 인식하고(知天命) 끊임없는 극기(克己)를 통하여 "사사로운 의지와 기필하는 마음, 그리고 고집과 아상이 자연스럽게 사라져"[95] 귀가 순해지고(耳順), 마침내 "편안하게 (도를) 행하고, …… 힘쓰지 않아도 적중하고, 생각하지 않아도 얻고, 넉넉히 도에 맞는"[96] 이른바 '자연적 존재가 그 당위에 일치'하는 것에 도달한 것과 대비되는 말이다. 그리고 노자가 이러한 형이상자를 "나만 홀로 여타 사람들과는 다르게, 먹여주는 부모(食母=道)를 귀하게 여긴다."[97]라고 말하면서 도를 '천하만물의 어머니(可以爲天下母, 25장)' 혹은 '끊임없이 만물을 낳는 자(道生之, 51장)'로 묘사하고 있듯이, 공자 또한 유사하게 다음과 같이 묘사하고 있다.

공자가 말하기를, "나는 말을 하지 않으려 한다." 자공이 말하기를, "선생님께서 말씀하지 않으시면 저희는 어떻게 기술하겠습니까?" 공자가 말하기를, "하늘(天)이 무슨 말을 하던가? 사시(四時)를 운행하고 온갖 만물을 생장시키면서 하늘이 무슨 말을 하던가?"[98]

요컨대 공자의 '형이하의 만물에 대한 학문(下學)'과 '형이상자에 대한 통달(上達)'의 대비, 그리고 노자의 '세속적인 학문함(爲學)'과 '도의 실천(爲道)'의 대비는 오늘날 실증적인 학문(과학)과 제일학문으로써 철학의 차이를 나타낸다. 즉 노자가 말한 '도의 실천'과 공자의 '형이상자에 대한 통달'은 형이하적인 만물에 대한 대상적 인식이 아니라, 하이데거의 풀이대로 지혜사랑, 즉 '모든 존재자의 통일자(一卽全, 一＋大＝天)'에 화동함, 즉 "완전한 정신을 향한 불완전한 정신의 자기초월적 귀향 편력"으로써 중국고전 철학의 이념을 온전히 드러내고 있다. 노자 철학은 그 어느 철학보다도 이 이념에 충실하고 있다. 이 점을 좀 더 상세히 논구해 보자.

하이데거는 고전적 철학을 지시하는 'philosophia'를 헤라클레이토스의 단편을 실마리로 하여 '사랑하다(philein)'는 '화동(和同)－화답(和答)－응답(應答)하다(homologein)'로, '지혜(sophia)'는 '모든 존재자의 통일자(全一)' 즉 '만물을 하나이게 하는 자(존재자의 존재)'를 말한다는 것을 밝혀냈다.[99] 그런데 여기서 만물을 하나이게 하는 자란 "만물에 동일한 것으로 만물을 각기 하나가 되게 하는, 만물 하나하나가 바로 자기 동일적인 하나의 사물이 되게 하는 것"이다. 그것은 다름 아닌 '존재' 또는 '있음'이다. 모든 있는 것들은 바로 그것이 '있음'을 통해서 '그것임'을 드러낸다. '있음'은 언제나 만물을 각기 일물이게 하는 '모음'이다. '만물에 하나가 되게 하는 것' 또는 '만물에 동일한 것'은 '있음'이요, '모음'이다. 그리고 하나로 모여 있는 것이 하나의 사물이라고 할 수 있다. 그렇다면 'philosophia'란 결국 "있는 것을 각기 그것으로 있도록 모아주는 것에 응답, 순응, 합치, 회동하는 것"으로 풀이된다.[100] 이러한 '모든 존재자의 통일자' 즉 '만물을 하나이게 하는 자(존재자의 존재)' 혹은 '만물 하나하나가 바로 자기 동일적인 하나의 사물이 되게 하는 것'은 노자의 도와 정확히 일치한다. 즉 노자는 도가 진정 우주 만물의 통일자로서 우주 만물을 각기 하나의 사물이게 하는 것이며, 만물은 이러한 도를 부여받아 자신의 덕으로 삼고 있다고 분명히 말하고 있다. 그래서 노자는 하늘, 땅, 정신, 계곡, 만물, 후왕 등이 모두 각각 하나의 사물이게 하는 도로부터 덕을 체득하였으며(39장), 그 체득된 덕을 사사로움 없이 무위로 실천해야 한다고 말하였다. 따라서 "도를 실천하면 비우고 또 비워 무위에 이른다."라는 말은 곧 도로부터 부여받은 덕을 실천한다는 말이다. 인간은 도로부터 인간이게 하는 덕을 부여받고 태어났기 때문에 '인간'이라고 하며, 이 덕을 닦고 실천하는 것은 곧 인간이 자기를 정립하는 길이다. 따라서 인간의 자기 회복은 인간에 대한 존재자적 표상과 상대적으로 표상되고 인습된 사사로운 자아를 덜어내고,[101] 무욕(無慾)·무위(無爲)·무사(無事)로써 도에서 부여된 덕을 자연스럽게 닦고 실천함이다. 그래서 노자는 도의 체득과 연관하여 다음과 같이 말한다.

"본바탕(素)을 보고 통나무(樸)를 껴안고, 사사로움을 적게 하고 욕심을 줄여라."[102]

　여기서 노자가 말하는 본바탕과 통나무는 주지하듯이 아무것도 섞이지 않고(純粹), 나누어지기 이전(不割)의 '하나이면서 전체(一卽全)'인 도를 지시한다. 세인들은 뿌리 깊은 아집(我執)에 의해 아상(我相)을 정립하고, 이 아상(我相)이 정립됨과 동시에 여기에 대립하는 대상으로써 법상(法相)이 정립되어, 주객에 대립과 분리가 형성된다. 이러한 주객의 분리가 고착되면 주관 대 객관, 즉 아(我)와 비아(非我)의 소유를 위한 끊임없는 투쟁이 야기되며, 이는 항상 비극으로 점철된다. 이러한 상황에서 노자가 제시한 수행 방법은 우선 "본바탕을 보고 통나무를 껴안고(見素抱樸), 사사로움을 적게 하고 욕심을 줄여라(少私寡欲)."라는 것이다. 이를 통해 나와 대상에 대한 집착이 사라지면, 동시에 정립되었던 아집과 법칙의 대상(자아와 대상)도 해체되어 주객의 분리가 사멸하고, 주객의 합일 즉 절대(絶對)의 도와 합일한다. 요컨대 '소사과욕(素私寡欲)'이 아집과 아상의 해체를 의미한다면, '견소포박(見素抱樸)'은 절대 순수 자연으로서의 도에 대한 인식과 그것과의 합일을 지시하는 개념이다. 소사과욕을 통해 견소포박하게 된다는 노자의 방법론은 좀 더 구체화되어 허정(虛靜)과 복명(復命)으로 나타나 있다.

비우기(虛)를 지극히 하고 고요함(靜)을 지키기를 독실하게 함에 만물이 함께 자라나지만, 나는 되돌아가는 것(復)을 본다. 대저 만물은 무성하게 일어나지만 각자 그 뿌리(根)로 돌아갈지니, 뿌리로 돌아가는 것(歸根)을 고요함(靜)이라 일컬으며, 고요함을 일컬어 명을 회복한다(復命)고 하고, 명을 회복하는 것을 항상됨(常)이라 하고, 항상됨을 아는 것(知常)을 일컬어 밝음(明)이라고 한다. 항상됨을 알지 못하면(不知常) 망령되게 재앙을 일으킨다. 항상됨을 알면 만물을 포용하고(容), 만물을 포용하면 공평해지고(公), 공평해지면 왕(王)이 되고, 왕이 곧 하늘(天)이며, 하늘이 곧 도(道)며, 도는 항구적(久)이니, 몸이 다하도록 위태롭지 않다(不殆).[103]

앞서 말했듯이 노자는 도처에서 무도(無道), 비도(非道), 실도(失道), 폐등(廢道) 등의 상황을 지적하고,[104] 이는 인간의 사물화(reification)에서 비롯된 자기망각, 자연스러움의 상실로 규정하고 있다. 이미 자연과 자신의 근본을 망각한 채 도덕, 학문, 지식, 치인(治人), 명분(名分) 등을 논하는 것은 본말전도에 지나지 않는다. 따라서 인간의 자연스럽고 소박한 본성을 회복하는 길은 이런 근본 없는 지식, 명분, 치인을 부정하는 데에서 출발한다. 이러한 부정을 통해 진정한 항상 그러한 도와 합일할 수 있다. 즉 노자는 "항상 사사로운 욕심을 완전히 비우기를 추구하여" 궁극적으로는 본바탕을 그대로 보고 재단되지 않은 도와 합일의 상태로 나아가라고 권고한다. 그리고 '수정돈(守靜篤)'하라고 말하고 있는데, 여기서 정(靜)은 불욕(不欲)을 말하며,[105] 명을 회복함(靜曰復命)을, 나아가 항상 그러함(復命曰常)을 말하는데, 앞서 지적한 대로 항상 그러함(常)이란 만물을 화생함과 함께 불변하는 단순성(樸, 素) 즉 본래자기, 자유·자연을 말한다. 따라서 이 구절은 "본래의 자기, 자연의 자기 지키기를 돈독하게 하여"라고 풀이할 수 있다. 그런데 죽간본은 '수중돈(守中篤)'으로 되어 있다. 정(靜)이 원래 중(中)으로 되어 있었던 것이다. 『노자』에서 중(中)은 "다언삭궁 불여수중(多言數窮 不如守中)"[106]이라 하여 다른 곳에서도 제시되고 있다. 그런데 유가에서는 중(中)을 "치우치거나 기울지 않고, 넘치거나 모자람이 없음"[107] "희로애락의 감정이 아직 피어나지 않았을 때"[108] 나아가 "천하의 큰 근본"[109]으로 규정하고 있다. 이러한 유가를 의식하여 본래 중(中)으로 되어 있던 것을 통행본에서 '정(靜)'으로 바꾸었다고 생각한다. 『중용』에서는 "중(中)과 화(和)를 이루면 천지가 제자리에 서고 만물이 육성된다."[110]라고 주장한다. 그런데 노자에서는 "중(中)을 지키기를 돈독하게 하면 만물이 각각 그 뿌리로 복귀하고 천명을 회복하게 된다."
라고 주장한다. 이렇게 본다면 『중용』과 적어도 죽간본 『노자』
는 상당한 조화가 있다. 나아가 노자는 "만물이 함께 (바야흐
로) 일어남에, 나는 (만물이 뿌리로) 돌아감을 관조한다."라고 하
였다. 여기서 복(復)은 천지 만물의 생성적 동기, 즉 1장에서 말
한 도의 오묘함(觀其妙)으로 돌아감을 말한다. 『주역』「복괘(復
卦)」의 단전(彖傳)에서 "복에서 우리는 (만물을 생성하는) 천지의
마음을 볼 것이다(復其見天地之心乎)."라고 한 것은 이러한 사정
을 짐작하는 데 참고가 된다. 만물은 도의 오묘함으로 말미암
아 생성된 것, 즉 도가 현상된 것이다(觀其徼, 1장). 따라서 이
구절은 "만물이 이렇게 저렇게 생겨나고, 만사가 복잡다단하게
전개되지만, 성인은 이러한 현상의 잡다성을 넘어서 천지 만물
을 생성하는 도의 오묘함에서 유래함을 본다."라는 것이다.

　　요컨대 여기서 노자는 "비우기를 지극히 하고 고요히 있
기를 독실하게 함에 만물은 각자 그 뿌리로 되돌아가는 가
게 하여, 정(靜) → 상(常) → 명(明) → 용(容) → 공(公) → 왕
(王) → 천(天) → 도(道) → 구(久)에 이르는 내성외왕(內聖外
王)의 길"을 제시하고 있다. 나아가 이 길은 곧 인간이 땅을
본받고, 하늘을 본받고, 궁극적으로 도를 본받아 도로 복귀
(復歸)·복명(復命)하여 스스로 그와 같이 자연(自然)·자유(自
由)·자화(自化)하는 길이다.[111]

그렇다면 이렇게 자연·자유·자화의 삶은 어떤 공효(功效)를 가져오는 것일까? 노자는 도를 체득한 성인의 공효를 그의 책에서 여러 차례 "사라지지 않음(不去)" "몸이 다하도록 위태롭지 않다(歿身不殆, 16장 및 52장)." "머무를 바를 알면 위태롭지 않다(知止以不殆, 32장)." "머무를 바를 알아 위태롭지 않으면 장구할 수 있다(知止不殆 可以長久, 44장)." "운명과 분수에 맞게 마땅히 있어야 할 곳에 기거하면 장구할 수 있으며, 죽어도 죽지 않는 자라야 장수한다고 할 수 있다(不失其所者久 死而不亡者壽, 33장)." "길게 살고 오래 보는 도(長生久視之道, 59장)" 등으로 표현하고 있다. 나아가 노자는 "도를 벗어나면 자신의 수명에 누리지 못하고 일찍 조노(早老), 조이(早已)한다."[112]라고 경고하고 있다. 바로 이 때문에 노자는 양생(養生)을 가르치는 종교, 즉 도교(道敎)로 해석될 소지가 있는데, 다음의 구절이 대표적이다.

태어나서 살다가 죽음으로 들어감에 있어 : 삶으로 가는 부류가 열에 셋이고, 죽음으로 가는 부류도 열에 셋이며, 살 수 있는 사람이 발버둥쳐 죽음의 땅으로 가는 사람 또한 열에 셋이다. 이것은 무엇 때문인가! 그 삶을 삶에 집착하는 것이 너무 강하기 때문이다. 대저 듣건대, 섭생을 잘하는 사람은 언덕으로 다녀도 외뿔소나 호랑이를 만나

지 않고, 전쟁터에 들어가도 병장기의 피해를 입지 않는다
고 한다. 외뿔소가 뿔로 들이받을 곳이 없고, 호랑이가 발
톱으로 할퀼 곳이 없고, 병사가 칼날을 휘두를 곳이 없으
니, 이는 무엇 때문인가? 죽을 땅이 없기 때문이다.[113]

이 구절의 대의는 다음과 같다.

사람은 태어나 살다가 죽음으로 들어간다. 그런데 살면서
자연적으로 주어지는 삶을 온전히 누리다 죽는 사람은 3분
의 1에 불과하며, 수명이 짧아 요절하는 사람 혹은 살기는 하
지만 죽은 것처럼 사는 사람 또한 3분에 1이 된다. 더 나아가
삶을 유지하려고 온갖 힘을 쓰지만 오히려 사지(死地)로 들
어가는 사람 또한 3분의 1이 된다. 삶의 방식을 택해 온전히
수명을 누리는 사람이든, 죽음의 도를 취하여 살되 죽은 사
람처럼 살다가 죽는 사람이든, 나아가 삶을 살려고 집착하다
가 오히려 사지로 들어가고 마는 사람이든 모두가 반드시 죽
음에 이르고 마는데, 이는 무엇 때문인가? 그것은 삶을 삶으
로만 알아 삶에 집착함이 너무 심하기 때문이다. 그런데 진
정 삶을 잘 기르고 보존하는(攝生) 자는 삶을 삶으로만 여기
는 분별적인 앎이 없고, 시작도 끝도 없는 무시무종(無始無終)
한 도와 함께 하기 때문에 불생불멸(不生不滅)한다. 도가 형상
이 없듯이, 무형(無形)의 도를 체득하여 섭생(攝生)을 잘하는

자 역시 어떠한 형체를 지니지도 않고, 어떠한 흔적도 남기지 않는다. 이렇게 어떠한 형체도 흔적도 남기지 않기 때문에 큰 언덕길을 다녀도 외뿔소나 호랑이를 만나지 않게 되고, 전장에 나아가도 무기로부터 피해를 입지 않는다. 무형의 도와 하나가 되어 어떠한 형상도 지니지 않기에 외뿔소가 뿔로 들이받을 곳이 없고, 호랑이가 발톱으로 할퀼 곳이 없으며, 적병이 칼날을 휘두를 곳이 없었다. 섭생을 잘 하는 자가 이렇게 될 수 있는 까닭은 삶과 죽음을 분별하지 않고 하나의 도로 관통하기 때문이다. 따라서 다음과 같은 해석이 이에 대한 정당한 해석이라고 생각한다.

섭(攝)이란 기른다는 뜻이다. 양생을 잘하는 사람이란 삶이 아니라 생명의 주인공을 기르는 이를 뜻한다. 일반적으로 양생은 몸을 기르는 것을 말하지만, 생명의 주인은 본래의 성품을 의미한다. 본성이란 생명의 주인공으로, 성품이 길러져 본래의 참됨을 회복하면 육신이란 껍데기는 저절로 잊히고, 몸을 잊으면 자기 자신은 공(空)해 진다. 내가 없어지면 만물과 대립하지 않게 되므로 위험한 곳을 다녀도 외뿔소와 호랑이를 만나지 않게 되고, 전쟁터에 나가더라도 갑옷과 무기를 피하게 된다. …… 무아(無我)인 까닭에 …… 외뿔소도 뿔을 곧추세우고 달려들지 못하고, 호랑이도 발톱을 드러내지 않고, 병사 또한 칼날을 휘두르지 않게 되는 것이다. 왜 그럴까? 자기 자신은 삶이 기탁한 여관에 불과하고 삶이란 바로 죽음임을 알기 때문이다. 내가 없고 삶을 떠났는데 어찌 죽음이 있겠는가?[114]

여기서 감산은 노자적 섭생(양생)이란 ① 몸을 기르는 것이 아니라 본래의 성품을 의미하며, ② 본래 성품이 길러져 본래의 참됨을 회복하면 육신이란 잊히고, ③ 몸을 잊으면 자기 자신은 공(空)해져서 내가 없어지면 만물과 대립하지 않게 되며, ④ 나아가 삶과 죽음을 하나의 도리로 관통하는 경지에 도달하게 되므로 불생불멸하게 된다고 말하고 있다. 이로 본다면 노자적 섭생(攝生)은 한갓 육체적 영생이 아니라, 유한한 정신이 불멸의 무한한 정신으로 도약을 지시하고 있다고 하겠다.

성인의 삶과 철학의 실현

    이제 도에 대한 관조, 즉 궁극자를 체득하여 궁극자와 하나가 된 성인(聖人)은 어떠한 삶을 영위하는지 살펴보자.

    먼저 서양철학의 전형적 패러다임을 나타내는 플라톤의 『동굴의 비유』를 참조해보자. 만물의 존재 근원이자 인식 근거인 태양을 직관함으로써 철학적 인식을 성취한 철학자는 자신의 변화로 인해 스스로 행복함을 느끼지만, 자신의 행복에도 불구하고 동굴 속의 수인(囚人)들에 대한 연민을 억제하지 못하고 그들을 구하기 위하여 다시 동굴로 내려간다. 그렇지만 그는 어둠에 익숙한 수인들의 비웃음을 사게 되고, 결국 그들의 결박을 풀어주고 탈출을 시도하게 한다면 죽임

을 당하는 비극적인 운명에 처하는 것으로 그려진다.[115]

그러나 노자는 도를 관조한 성인을 플라톤처럼 결코 비극적으로 묘사하지 않는다. 우리는 노자가 성인의 행위를 마지못해 억지로 표현한 몇몇 구절을 종합하여 다음과 같이 제시할 수 있다.

앞서 지적했듯이 성인은 되돌아오는 도의 작용, 항상 그러한 덕 혹은 현묘한 덕을 채득하여 실천한다. 그런데 이러한 성인의 삶은 유약한 삶으로 나타난다.[116] 유약한 삶에 대한 노자의 예찬은 다음 구절에 잘 나타나 있다.

천하에서 물보다 유약한 것은 없지만, 굳세고 강한 것을 치는 데에는 물을 이길 것이 없으니, 물은 굳세고 강한 것을 가볍게 여기지 않기 때문이다. 그러므로 부드러움이 굳셈을 이기고 약함이 강함을 이기는 것을 천하 사람들은 누구나 알지만 능히 실천하지 못한다.[117]

노자는 8장에서도 "최상의 선은 물과 같을 것이다. 물은 만물을 이롭게 하면서 다투지 않으니 도의 이미지에 가깝다."[118]라고 말한 바 있다. 즉 그는 "물은 둥근 그릇 안에 들어가면 둥글어지고, 네모난 그릇 안에 들어가면 네모나고, 막으면 멈추고 터주면 흐를 정도로 유약하지만, 철을 녹이고

바위를 뚫는다. 그래서 굳세고 강한 것을 공격하는 데에는 물을 능가할 것이 없다."라고 말하면서, 유약함을 예찬한다. 그리고 76장에서도 노자는 "사람과 초목이 생존할 때는 유약하고, 죽었을 때는 굳세고 강하다."라는 사실을 들어, 유약함으로써 도와 합일할 것을 권고하고 있다.[119] 그런데 여기서 우리가 주의할 것은 노자가 유약함을 찬미하고 있다고 그것이 견강(堅强)에 상대적인 유약함으로 간주해서는 안 된다는 것이다. 왜냐하면 노자는 "천하에서 가장 부드러운 것이 가장 굳센 것을 부린다. 형체가 없는 것이 틈새가 없는 곳에 들어간다. 나는 이것으로써 무(無)가 하는 것이 유익하다는 것을 안다. 말없이 가르침과 무위의 유익에 도달하여 행할 수 있는 자, 세상에서 드물다."[120]라고 말하여, 유약함이란 상대적인 것이 아니라 절대행(絶對行)으로써 무위(無爲) 및 불언(不言)과 연결되는 것을 분명히 말해 주고 있기 때문이다. 나아가 8장에서도 노자는 분명 "물이 도에 가깝다(幾於道)."라고 말했지, 그것을 도와 곧바로 동일시하지 않고 있기 때문이다.

이러한 유약한 삶을 영위하는 성인은 '싸우지 않는 덕', 즉 '부쟁(不爭)의 덕'을 체득하여 싸우지 않고도 잘 이긴다.[121] 이는 노자의 입장에서 보면 논리적인 귀결이다. 왜냐하면 유약함이 견강한 것을 이기기 때문에 세상에서 가장 견강한 것을 이기는 유약한 삶을 영위함으로써 부쟁의 덕을 체득한 성인은 싸우지 않고도 잘 이길 수 있다. 나아가 유약함의 덕을 체득한 성인은 겸손히 아래에 처한다(處下).[122] 그러나 성인은 유약하여 겸손히 아래에 처하지만, 성인 또한 천하 만백성에게 추대되어 귀의하는 존재가 된다. 이는 마치 강과 바다가 아래에 있지만, 온갖 시냇물이 흘러들어 귀의하는 바가 되는 것과 같다.

나아가 성인은 세 가지 보물(三寶)을 유지하여 지키는데, 첫째는 자애(慈)이고, 둘째는 검약이고, 셋째는 감히 천하에서 앞서지 않는 것이다.[123] 노자는 도를 만물을 길러 주는 어머니에 비유하고 있듯이,[124] 여기서 '자애'는 "자애로운 어머니가 젖먹이를 기르듯이 만물을 감싸고 덮어 기르되 모든 것을 포용하며 빠뜨리는 않는"(27장) 도의 작용을 체득하여 실천하는 것을 말한다. 이렇게 위와 밖이 없는 지극히 큰 도를 체득한 사람은 만물을 자식처럼 사랑하며, 모든 것을 포용하는 사람은 어떠한 사사로움도 없이 초연자약(超然自若)하므로 두려움 없이 능히 용감할 수 있다. 그리고 '검약함(儉)'이란 57장에서 말한 '색(嗇)'과 같다. 거기서 노자는 다음과 같이 말하고 있다.

"사람을 다스리고 하늘을 섬김에 아끼는 것 만함이 없다. 대저 오직 아끼기 때문에 (도에) 일찍 복종할 수 있으니, 일찍 복종하는 것을 덕을 거듭 쌓는다고 말한다. 덕을 거듭 쌓으면 극복하지 못할 것이 없고, 극복하지 못할 것이 없으면 그 한계를 알 수 없다."[125)

즉 사사로운 욕심을 줄이고, 마음을 허정(虛靜)하게 하여, 덕을 쌓아 극복하지 못할 것이 없고, 그 한계를 알 수 없는 경지에 나아가는 것이 바로 '검약함'이다. 검약하면 한계를 알 수 없는 경지에 나아가므로 능히 널리 미칠 수 있다. 그런데 도를 체득한 성인이 "자애로 만물을 남김없이 감싸고 검약함으로 극복하지 못할 것이 없어 널리 미칠 수 있다."라고 말한다면, 세상 사람들은 성인을 앞서고자 하는 사람으로 오해할 수 있다. 그래서 노자는 "감히 천하에서 앞서지 않는다."라고 말하고 있다. 즉 "성인은 항상 무심(無心)하여 백성의 마음을 자기의 마음으로 삼기 때문에"(49장) 감히 앞서지 않는 것이다. 그러나 감히 앞서지 않지만, "선한 사람은 선하게 대하고, 선하지 않은 사람 또한 선하게 대하여, 선함을 얻고, …… 천하 사람들의 마음을 잘 모으면서 천하를 위해서 그 마음을 혼연하게 하여 백성이 모두 성인에게 그 이목을 집중하게 되어"[126) 천하 사람들과 만물의 어른이 된다. 이는 "성인은 그 자신을 뒤로 돌리지만 오히려 앞서게 되고, 그 자신을 도외시하지만 오히려 항존하게 되고, 사사로움이 없기 때문

에 오히려 사사로운 목표를 이루는 것"[127])과 같은 이치다. 성
인이 이렇게 무위의 행위(無爲之行)를 하는 것은 바로 절대의
도를 체득했기 때문이다. 상대성을 벗어난 절대의 도를 체득
했기 때문에 성인은 사사로운 자아를 버릴 수 있으며, 따라
서 상대적인 나와 너의 구별을 떠나 있다. 나와 너의 구별을
떠나 있기 때문에 성인은 만물을 한 몸으로 보고 그것을 자
식처럼 자애할 수 있다. 나아가 성인은 만물을 한 몸으로 보
기 때문에 공평하다. 공평하기 때문에 모든 이에게 용납되며
즐겨 추대된다. 그리고 유약한 도의 작용을 체득한 성인은 즐
겨 유약하고자 하고, 억지로 도를 벗어나[128] 강장(强梁)하여[129]
도를 벗어나고자 하지 않는다. 그래서 그는 '장구하게 살고 보
는 도(長生久視之道, 59장)'를 체득하고, 도와 더불어 항구적일
수 있다.[130]

　이렇게 노자에 따르면, 도를 체득한 성인은 비극적으로 삶
을 마치는 것이 아니라 오히려 도에서 벗어나 억지로 조장(助
長)하거나 강장(强梁)하면 자신의 명(命)에 맞게 살지 못하고
조사(早死)한다.[131] 그렇지만 도의 작용인 유약함[132]을 삶의
원리로 터득한 성인은 뿌리를 깊고 튼튼하게 하여 '장구하게
살고 보는 도(長生久視之道)'[133]를 체득하여, 죽을 땅이 없이[134]
도와 더불어 항구적일 수 있다.[135] 노자가 철학의 실현으로써
성인의 삶을 말하고 있는 구절을 살펴보자. 노자는 다음과

79

같이 말하고 있다.

　옛날 훌륭한 선비는 미묘하고 그윽하게 통달하여 깊이를
알 수 없었다. 대저 오직 깊이를 알 수 없기에 억지로 형언
해 본다 :
　머뭇거리는구나. 마치 겨울에 시내를 건너듯이.
　주저하는구나. 사방의 적들을 두려워하듯이.
　근엄하구나. 마치 손님처럼.
　풀어지는 도다. 마치 녹으려는 얼음처럼.
　도탑구나. 마치 질박한 통나무처럼.
　텅 비어 있구나. 마치 빈 계곡처럼.
　흐릿하구나. 마치 흙탕물처럼.[136)

　이렇게 성인은 이미 일상인과 다르게 변화된 삶을 살기 때
문에 사물적인 존재자의 집착에 사로잡힌 일상인의 시각으
로는 이해하거나 설명하기 어렵다. 그렇지만 노자는 우리의
관심을 환기시키기 위하여 앞의 묘사에 덧붙여 몇 가지를 설
명하고 있다. 먼저 도를 체득한 성인의 관점을 그는 다음과
같이 말한다.

　문밖으로 나서지 않고도 천하를 알고, 창밖을 보지 않아

도 하늘의 도를 안다. 나감이 멀수록 앎은 더욱 적어진다. 따라서 성인은 행하지 않아도 알고, 보지 않아도 밝으며, 고의로 하지 않고도 이룬다.[137]

이 구절을 두고 노자가 '신비적 직관'을 피력하는 것으로 해석하기도 하지만,[138] 하나면서 전체인 도에 의한 절대적 인식을 말하고 있을 따름이다. 앞서 말했듯이 노자의 도는 '모든 존재자의 통일자' 즉 '만물 하나하나가 바로 자기 동일적인 하나의 사물이 되게 하는 것'이라는 점, 그리고 이 도는 각각의 만물에 덕으로 갖추어져 있다는 점을 이해하면 이 구절의 의미는 자연스럽게 드러난다. 자기 동일적인 모든 존재의 통일자인 도를 인식했다면, 모든 만물을 바로 그 사물이게 하는 것을 인식한 것이므로 문밖으로 나서거나 창밖을 내다보지 않아도 천하와 천도를 알 수 있다. 그리고 이러한 도는 외적 대상을 관찰하는 데에서 얻어지는 대상적 지식이 아니기 때문에 나감이 멀수록 앎은 더욱 적어진다. 그리고 이러한 도의 인식은 대상적인 인식이 아니라는 점에서, 차라리 무지(無知)라고 말해야 한다.[139] 그런데 이러한 무지는 단순히 어떤 무엇에 대한 앎의 결핍이 아니라, 만물의 통일자인 도에 대한 앎이라는 점에서 절대지(絶對知)라고 할 수 있는데, 노자는 이를 진정한 의미의 '밝음(明)'이라고 말한다.[140]

이것이 바로 성인의 관점이다. 나아가 노자는 성인의 천의무봉(天衣無縫) 경지를 다음과 같이 표현하고 있다.

> 최상의 행군은 행군의 자취를 남기지 않고, 최상의 말은 허물할 것이 없고, 최상의 셈은 계산기를 사용하지 않고, 가장 잘 닫은 것은 빗장이 없어도 열 수 없고, 가장 잘 묶은 것은 새끼줄을 사용하지 않아도 풀 수 없다. 그러므로 성인은 항상 사람들을 잘 구제하기에 버려지는 사람이 없고, 항상 만물을 잘 구제하므로 버려지는 사물이 없다.[141]

여기서 우리는 "성인은 항상 사람들을 잘 구제하기에 버려지는 사람이 없다."라는 말을 주목해 보자. 사실 다음과 같이 노자 철학을 부정적, 소극적 허무주의라고 규정하는 비판도 있다.

> 『노자』의 무위정치는 사람들의 사회성을 최저한도까지 감소시키고, 특히 사람의 생물학적인 본능을 드러낸다. …… 모든 인류를 말과 소(馬牛)에 가깝게 만들려고 한다. 정말 이 지경에 이르게 되면 자연히 무위해도 할 수 없는 일이 없을 것이다.[142]

그런데 이 비판은 노자의 언명을 원뜻과 정반대로 곡해한 것이다. 노자의 '무위'는 사람의 생물학적 본능을 드러내어 인류를 말과 소에 가깝게 만들려고 한 것이 아니라, 오히려 사람이 태어나면서 부여받은 사람다움의 도를 자연스럽게 실현하는 것을 의미한다. 노자는 당시 현실에 대해 누구보다도 비판적이었다. 그리고 마치 플라톤의 『동굴의 비유』에서 철인이 수인(囚人)에 대한 연민을 갖고 다시 동굴에 들어가서 그들의 구제에 힘쓴다고 하듯이, 노자는 도를 체득한 성인의 임무를 다음과 같이 시적으로 묘사하고 있다.

옛날 훌륭한 선비는 미묘하고 그윽하게 통달하여 깊이를 알 수 없었다. …… 누가 능히 흙탕물을 고요하게 안정시켜 서서히 맑게 할 수 있는가? 누가 능히 오랫동안 안분자족 (安分自足)하다가 움직여 서서히 생명력을 부가할 것인가? 도를 간직한 자는 채우려고 하지 않는다. 대저 오직 채우려고 하지 않는 까닭에 능히 낡아 있으면서 새로 이루지도 않는다.[143]

여기서 노자가 말하는 흙탕물과 소생시켜야 할 것은 바로 우리가 사는 현실세계다. 여기서 노자는 "흙탕물처럼 흐려진 죽음의 사회를 맑게 정화하고 소생시킬 자, '그'는 누구인가?"라고 묻고 있다. '그'는 물론 도를 인식 체득한 성인이다. 이렇게 노자가 말한 성인은 소극적·부정적 허무주의자가 아니라, 사회적인 책무를 분명히 인식하고 문제 해결에 전력을 다하는 것을 자연스럽게 행하는 경지에 이른 자다. 그래서 노자는 다음과 같이 말한다.

성인은 항상 사사로운 마음이 없어 백성의 마음을 자기의 마음으로 삼는다. …… 천하에 임함에 (사람들의 마음을) 잘 모으면서 천하를 위해서 그 마음을 혼연하게 하고 백성이 모두 성인에게 이목(耳目)을 집중하니, 성인은 그들 모두를 어린아이처럼 되게 하는 것이다.[144]

성인이 사회적 책무를 자연스럽게 실현함은 어떠한 개인적인 사욕에서 나온 것이 아니다. 그래서 노자는 "만일 천하를 취하고자 작위하는 자가 있다면, 나는 그가 얻지 못함을 볼 따름이다. 천하는 신묘한 그릇이라 작위로 취할 수 없다. 취하고자 시도하는 자는 패하고 잡는 자는 잃는다."[145]라고 경고하고 있다. 나아가 그는 군주가 되는 근거(정치권력의 정당성)는 오직 도의 체득과 실현에 있다는 것을 분명히 한다.[146] 그렇다면 도덕을 체득한 성인은 어떻게 정치권력을 획득하는가? 이에 대해 노자는 도를 체득하고 구현하는 성인은 백성의 자발적인 동의와 지지를 얻어 군주로 추대된다는 낙관적인 견해를 피력한다. 즉 그는 "성인은 사사로움이 없어 자신을 뒤로 돌리지만 오히려 앞서게 되고, 자신을 도외시하지만 오히려 보존된다."[147] 혹은 "위에 처하지만 백성은 무겁다 하지 않고, 앞에 처하지만 백성에게 해를 입히지 않는다. 따라서 천하 사람들이 즐겨 그를 추대하고 싫어하지 않는다."[148] 라고 말하고 있다. 그런데 노자는, "성인이 이르기를, 내가 무위로 행하니 백성이 스스로 교화되고, 내가 고요함을 좋아하니 백성이 스스로 바르고, 내가 일삼음이 없으니 백성이 스스로 부유하고, 내가 사욕이 없으니 백성이 스스로 (꾸밈없는) 통나무가 되었다."[149] 라고 말하여, 백성을 유가처럼 단순히 수동적인 피치자로 보는 것이 아니라, 자유(자율)하는 주체로 정립한다. 즉 공자는 "군자의 덕이 바람이라면, 소인의 덕은 풀에 비유할 수 있다. 풀에 바람이 불면, 풀은 반드시 넘어진다."[150] 혹은 "백성은 (이치에) 따르게 할 수 있어도, (이치를) 알게 할 수는 없다."[151] 라고 말하여, 일견 백성은 자발적인 상실한 존재로 파악하고 있는 듯하다. 그렇지만 여기서 노자는 분명 백성을 단순히 다스리는 자의 교화와 통치에 종속되는 존재가 아니라, 성인의 교화를 받지만 주체적으로 도덕을 실천할 줄 아는 자율적인—자화(自化), 자정(自正), 자부(自富), 자박(自樸)— 존재로 보았다. 이 자율적 주체들이 항상 도덕을 충족시키면서(常足) 스스로 변화하고(自化), 스스로 바르게 되고(自正), 스스로 부유해지고(自富), 스스로 소박해지는(自樸) 삶을 영위하는 공동체가 바로 노자의 이상향이다.

글을 마치며

필자가 동양고전을 직접 읽은 것은 학부 3학년 여름 방학 때였다. 당시 대학원 박사과정에 재학 중이던 선배 김용섭 교수(현 대구한의대 교수)님께서 방학을 맞아 동양철학에 뜻이 있는 학생들을 대상으로 스터디그룹을 지도해 주셨는데, 그 교재가 바로 『노자』였다. 『노자』는 필자가 처음 접한 동양고전이었던 것이다. 그 후 필자는 노자 및 장자와 많은 인연을 맺었다. 우선 필자는 박사과정 때인 20여 년 전에 일본인 학자 쿠쿠나가 미츠즈(福永光司)의 『장자 – 고대중국의 실존주의』(1992)와 오오하마 아키라(大濱晧)의 『노자의 철학』(1992)을 번역하여 세상에 내놓았다. 그 뒤 몇 편의 도가 관련 논문을 썼으며, 7~8년 전에는 『노자 도덕경 해설-왕필본, 백서본, 죽간본의 비교 분석』(2005)라는 주석서를 저술하여 세상에 발표하였다.

　필자의 번역서들은 당시 도가 관련 저술이 척박했던 현실 덕에 독자들의 많은 호응이 있었다. 그리고 필자는 논문을 통해 몇몇 학자들과 도가와 유가의 관계, 새로 발견된 죽간본의 성격 등과 연관하여 논쟁하기도 하였다. 그런데 필자가 수 년 간 공을 들였던 『노자 도덕경 해설』과 연관해서는 아직 큰 반응이 없다. 이제 이 조그만 문고판을 세상에 내놓는다. 이번에는 어떤 반응이 있을지 궁금하다. 비록 작은 문고판이지만 필자는 이 책에서 노자 철학의 정수를 녹여 내려고 최선을 다하였다. 독자들의 질정(叱正)을 바란다.

　사실 『노자』에 관한 저술을 시도하는 사람은 상당히 곤란한 처지에 빠지게 된다. 그것은 『노자』가 "(도를) 아는 자는 말하지 않고, 말하는 자는 알지 못한다(知者不言 言者不知, 56장)."라고 말한 것과 연관된다. 이 말을 당대(唐代)의 위대한 시인 백낙천(白樂天)은 다음과 같이 풍자적으로 바꾸어 놓고 있다. 필자는 이 말을 독자들에게 화두로 제시하면서, 이 글을 쓴 연유를 나타내고자 한다.

　　言者不知知者默. 此語吾聞於老君. 若道老君是知者, 緣何自著五千文.

말하는 사람은 알지 못하고, 아는 사람은 침묵한다. 이 말을 나는 노자에게서 들었다. 만약 노자를 아는 사람이라고 말한다면, 그는 무슨 연유로 스스로 이 오천 글을 지었는가?

필자가 이 질문에 대해 어떤 대답을 하였는지는 본문에서 확인하기 바란다.

이 조그만 책을 평생 나를 위해 헌신하신 부모님과 오늘날 나를 철학하는 사람으로 인도하신 낙도재(樂道齋) 신오현 선생님께 헌정하며 글을 맺는다.

2013년 9월 석성산 아래에서
근식

주

1) 사마천, 『사기』「노자렬전」.

2) 진고응(최진석 역),「백서『노자』를 본 후의 몇 가지 느낌」,『노장신론』, 소나무, 165~170쪽.

3) 김충열,『김충열 교수의 노자강의』, 예문서원, 2004, 21쪽.

4) 이에 대한 성과물로는 다음을 참조하라. Sarah Allan · Crispin Williams (eds.), The Guodian Laozi : Proceedings of the International Conference, Dartmouth College, May, 1988, Society for the Study of Early China and Institute of East Asian Studies(California : U. C. Berkeley, 2000).

5) 이에 대한 상세한 대조는 다음을 참조. 양방웅,「〈초간〉, 〈백본〉(갑을), 〈왕본〉 주요문자 비교표」,『초간노자』, 예경, 2003, 336~348쪽.

6) 권광호,「곽점죽간 〈노자〉에 관한 몇 가지 사고」,『대동철학』26, 5~7쪽 참조.

7) 김충열, 앞의 책, 35~36쪽.

8) 벤저민 슈워츠(나성 역),『중국고대사상의 세계』, 살림, 1996, 25~6쪽.

9) 馮友蘭(정인재 역),『중국철학사』, 형설출판사, 1984, 26쪽. 胡適,『中國古代哲學史』第一編 導論, 1面. 김충열,『중국철학산고』 I, 온누리, 1988, 31쪽에서 재인용.

10) 김충열,「유가철학에 있어서 도덕내원과 그 전개」,『중국철학산고』 I, 온누리, 1988, 75쪽. 그는 이렇게 주석하고 있다. "여기서 원초(原初)라 함은 선진제자시대(先秦諸子時代)를 말하고, 제기된 이개문제(二個問題)는 당시 제자들의 공통된 의식을 대분(大分)한 것이다."

11) Plato, Theaitetos, 150d2~5.

12) Politeia, 514a~515d 참조.

13) 『논어』15:28. "子曰 人能弘道 非道弘人."

14) 『논어』6:20. "樊遲問知 子曰 務民之義 敬鬼神而遠之 可謂知

矣."

15) 『논어』 11:11. "季路問事鬼神 子曰 未能事人 焉能事鬼 敢問死 曰未知生焉知死."

16) 『논어』 17:11. "子曰 禮云禮云 玉帛云乎哉 樂云樂云 鐘鼓云乎 哉."

17) 『논어』 3:3. "子曰 人而不仁 如禮何 人而不仁 如樂何."

18) 『논어』 3:4. "林放問 禮之本 子曰 大哉問 禮與其奢也 寧儉 喪 與其易也 寧戚."

19) 『논어』 18:6. "子路行以告 夫子憮然曰 鳥獸 不可與同群 吾非 斯人之徒與而誰與 天下有道 丘不與易也."

20) 『노자』 75장. "民之饑 以其上食稅之多 …… 民之難治 以其上 之有爲 …… 民之輕死 以其上求生之厚."

21) 『노자』 53장. "大道 甚夷 而民好徑 朝甚除 田甚蕪 倉甚虛 服 文采 帶利劍 厭飲食 貨財有餘 是謂盜夸 非道也哉."

22) 『노자』 77장. "天之道 其猶張弓乎 高者抑之 下者擧之 有餘者 損之 不足者 補之 天之道 損有餘 而補不足 人之道 則不然 損不足."

23) 『노자』 18장. "大道廢 有仁義 慧智出 有大僞 六親 不和 有孝 慈 國家昏亂 有忠臣."

24) 『노자』 38장. "失道而後 德 失德而後 仁 失仁而後 義 失義而 後 禮 夫禮者 忠信之薄 而亂之首也 前識者 道之華 而愚之 始."

25) 『노자』 57장. "天下多忌諱 而民彌貧 人多利器 國家滋昏 人多 伎巧 奇物滋起 法令滋彰 盜賊多有."

26) 『노자』 20장. "衆人熙熙 如享太牢 如登春臺 我獨泊兮其未兆 如嬰兒之未孩 傈傈兮 若無所歸 衆人 皆有餘 而我獨若遺 我 愚人之心也哉 沌沌兮 衆人昭昭 我獨昏昏 衆人察察 我獨悶 悶 澹兮其若海 飂兮若無所止 衆人皆有以 我獨頑且鄙 我獨 異於人 而貴食母."

27) 신오현, 「절대와 자유 : 노자와 하이데거의 비교 연구」 『절대의 철학』, 문학과지성사, 1993, 175쪽 참조.

28) 『주역』 「계사전」, "形而上者謂之道 形而下者謂之器."

29) 『주역』「계사전」. "一陰一陽謂之道 繼之者善 成之者善."

30) R. Descartes, The Philosophical Works of Descartes, trans. E. S. Haldane & G.R.T. Ross, Cambridge Univ Press, p. 211.

31) 『노자』 39장 참조.

32) 『노자』에는 도를 체득한 성인(聖人)이 덕행을 무려 31회에 걸쳐서 기술하고 있으며, 군자의 덕행은 1회(31장) 제시하고 있다.

33) 신오현, 「절대와 자유 : 노자와 하이데거의 비교 연구」, 『절대의 철학』, 문학과지성사, 1993, 176쪽 참조.

34) 『노자』 1장. 논란이 많은 구절이므로 노자 원문을 해석 앞에 부가한다.

35) 『노자』 1장은 죽간본에는 나타나지 않으며, 백서본에는 다음과 같이 기록되어 있다. 道可道也 非恒道也 名可名也 非恒名也. 백서본의 '항(恒)'이 왕필본에 상(常)으로 바뀐 것은 한 문제(文帝) 유항(劉恒)의 이름을 피하기 위한 것으로 두 판본 간 의미상 차이는 없다.

36) 레이먼드 스멀리안(박만엽 역), 『도는 말이 없다』, 철학과현실사, 2000, 48쪽.

37) 『노자』 25장. 有物混成 先天地生 寂兮寥兮 獨立而不改 周行而不殆 可以爲天下母 吾不知其名 字之曰道 强爲之名曰大 大曰逝 逝曰遠 遠曰反 故道大 天大 地大 王亦大 域中 有四大 而王居其一焉 人法地 地法天 天法道 道法自然.

38) 여기서 우리가 주의할 것은 『노자』에서 '무(無)'자는 1) 도의 특성을 형용하는, 즉 현상계를 초월한다는 뜻(1, 14, 32장 등)과 2) 낮은 단계의 의미로서 유(有)에 상대되는 '무(無)'(有無相生 : 2장, 有之以爲利 無之以爲用 : 11장 등)를 구분하여 살펴야 한다는 점이다. 이에 대해서는 다음을 참조하라. 서복관(유일환 역), 『중국인성론사 - 선진편』, 을유문화사, 1995, 47쪽.

39) 『노자』 10장, "抱一," 14장. "混而爲一," 22장. "抱一爲天下式."

40) 『노자』 32장. "道常無名 樸雖小."

41) 『노자』 28장, "樸散則爲器 …… 大制不割." 58장. "方而不割."

42) 『노자』 14장. "視之不見, 名曰夷, 聽之不聞, 名曰希, 搏之不得, 名曰微, 此三者, 不可致詰, 故混而爲一, 其上不曒, 其下不昧,

繩繩不可名, 復歸於無物, 是謂無狀之狀, 無物之狀, 是謂恍惚, 迎之不見其首, 隨之不見其後, 執古之道, 以御今之有, 能知古始, 是謂道紀."

43) 이는 『노자』 6장의 "綿綿若存"과 같은 뜻이다.

44) 王弼(김학목 역), 『노자 도덕경과 왕필의 주』, 홍익출판사, 2000, 81쪽.

45) 『노자』 21장. "道之爲物 惟恍惟惚 惚兮恍兮 其中有象 恍兮惚兮 其中有物 窈兮冥兮 其中有精 其精甚眞 其中有信 自古及今 其名不去 以閱衆甫 吾何以知衆甫之然哉아 以此."

46) 王弼(김학목 역), 앞의 책, 105쪽.

47) 『노자』 1장. "無名天地之始 有名萬物之母." 백서본은 다음과 같다. "无名萬物之始也 有名萬物之母也." 백서본은 도(无, 有)에서 만물로 곧바로 내려오는 형식을 취하고 있지만, 후대에 판본인 왕필본은 유가 등의 영향을 받아 道→天地→萬物로 내려오는 형식을 취하고 있는 것으로 보인다. 왕필본이 좀더 세련된 우주론의 체계를 갖추고 있지만, 소산적 자연인 천지 만물에 대한 도의 근원성을 말하고 있다는 점에서는 양자 간의 본질적인 차이는 없다.

48) 이 해석은 2장(有無相生)과 11장(有之以爲利 無之以爲用), 40장(天下之物生於有 有生於無) 등의 지지를 받는다.

49) 이 해석은 『노자』 32장(道常無名), 41장(道隱無名)의 지지를 받는다.

50) 상세한 논의로는 다음을 참조. 大濱晧(임헌규역), 『노차철학연구』, 청계, 52~56쪽.

51) 『노자』 52장. "天下有始 以爲天下母 旣得其母 以知其子 旣知其子에 復守其母."

52) 『노자』 25장. "先天地生." 4장. "吾不知誰之子 象帝之先."

53) 大濱晧(임헌규 역), 앞의 책, 55~56쪽.

54) 『노자』 25장. "天下萬物生於有 有生於無." 『장자』 「재유」에도 "物物者非物"(만물을 만물이게 하는 것은 만물이 아니다)이라는 구절이 보인다.

55) 『노자』 2장. "有無相生."

56) 『노자』 1장. "此兩者 同出而異名 同謂之玄 玄之又玄 衆妙之門."

57) 『노자』 39장. "昔之得一者 天得一以淸 地得一以寧 神得一以靈 谷得一以盈 萬物得一以生 侯王得一以爲天下貞 其致之는 一也."

58) 『노자』에서 '玄'자의 용례를 살펴보면 1)말할 수 없는 상도(常道)와 상덕(常德)을 억지로 형용할 때(1, 2. 10, 51, 65장), 2)도를 체득한 성인(聖人)이 말할 수 없는 상도를 묘찰하거나(載營魄抱一 能無離乎 專氣致柔 能嬰兒乎 滌除玄覽 能無疵乎, 10장), 형상 없는 도에 미묘하게 통하는 것(古之善爲士者, 微妙玄通 深不可識 夫唯不可識, 故强爲之容, 15장), 3) 도를 체득한 성인이 안과 밖을 잘 다스려 단적으로 차이 나는 도와 만물, 탈속과 세속을 현묘하게 일치시키는 것(玄同, 56장) 등을 표현할 때 사용한다. 따라서 상덕과 현덕(玄德)은 일치하는 개념임이다.

59) 『노자』 51장. "道生之 德畜之 長之育之 亭之毒之 養之覆之 生而不有 爲而不恃 長而不宰 是謂玄德."이 외에도 『노자』 10 및 65장에 현덕이란 말이 나온다.

60) 『노자』 35장. "道之出口 淡乎其無味 視之不足見 聽之不足聞 用之不足旣."

61) 『노자』 63장. "爲無爲 事無事 味無味."

62) 『노자』 37장. "道常無爲而無不爲."

63) 『노자』 2장. "生而不有 爲而不恃 功成而不居 夫惟弗居 是以不去."

64) 『노자』 28장. "知其雄 守其雌 爲天下谿 爲天下谿 常德不離 復歸於嬰兒 知其白 守其黑 爲天下式 爲天下式 常德不忒 復歸於無極 知其榮 守其辱 爲天下谷 爲天下谷 常德乃足 復歸於樸."

65) 『노자』 40장. "反者 道之動."

66) 『노자』 40장. "弱者 道之用."

67) 『논어』 3:3. "仁而不仁 如禮何 人而不仁 如樂何."

68) 『논어』 17:21 "…… 宰我問 三年之喪 期已久矣 …… 女安則爲

之 夫君子之居喪 食之不甘 聞樂不樂 居處不安 故不爲也 今
女安則爲之 …… 子曰 予之不仁也."

69) 『중용』 20장. "仁者人也 親親爲大 義者宜也 尊賢爲大 親親之
殺 尊賢之等 禮所生也."

70) 『대학장구』 「序」의 朱子細註. "朱子曰 天之生民 各與以性 性
非有物 只是一箇道理之在我耳 仁則是箇溫和慈愛底道理 義
則是箇斷制裁割底道理 禮則是箇恭敬撙節抵道理 智則是箇
分別是非底道理 凡此四者 具於人心 乃是性之本體."

71) 『노자』 1장.

72) 감산(오진탁 역), 『감산의 노자풀이』, 서광사, 1990, 15~8쪽 참조.

73) 진고응(최진석 역), 『노장신론』, 소나무, 1997, 166~7쪽 참조. 그
러나 우리는 유와 무는 형이상학적인 범주이지만, 『노자』 1장은
단순히 「도체장」이 아니라, 『노자』 전체의 「총론장」이라고 생각
하며, 이 구절은 노자의 존재론적 윤리학을 피력한 것으로 판단
한다.

74) "상무(常無)를 연독(連讀)하고, 상유(常有)를 연독하다. ……
여기서는 상무와 상유를 특히 중시하여 문장 첫머리에 두었다.
이러한 구법(句法)은 고서에 항상 있었던 것이다. 高亨, 『老子
正詁』. 진고응(최재목, 박종연 역), 『진고응이 풀이한 노자』, 영
남대출판부, 2004, 87~88.

75) 현행 통행본에도 '욕불욕(欲不欲)'이란 구절은 나온다. 是以聖
人欲不欲 不貴難得之貨(64장).

76) 욕(欲)은 1)하고자하다 2) 욕심(慾) 3) 온순하다 4) 마땅히(응
당 하여야 한다) 5) 하기 시작하다 6) 편안하다 7) 희구(希求)
하다 등으로 풀이되어 있다. 여기 노자 1장에서 욕(欲)은 4), 6),
7)의 의미라고 해석할 수 있다. 대한사전편찬실편, 『교학한한
사전』, 교학사, 2001, 1021쪽.

77) 감산(오진탁 역), 앞의 책, 17쪽.

78) 『노자』 52장.

79) 『노자』 28장. "樸散則爲器."

80) 『노자』 40장. "道生一 一生二 二生三 三生萬物."

81) 『노자』 30장. "不道早已."

82) 『노자』10장. "載營魄抱一." 22장. "聖人抱一爲天下式."

83) 『노자』19장. "見小抱樸."

84) 『노자』5장. "多言數窮 不如守中."

85) 『노자』48장. "爲學日益 爲道日損 損之又損 以至於無爲 無爲
而無不爲 取天下常以無事 及其有事 不足以取天下."

86) 余培林 외(박종혁 편역), 『도덕경에 대한 두 개의 강의』, 서해문
집, 2000, 221쪽.

87) 『논어』16:8. 14:24. "君子上達 小人下達."

88) 『논어』6:19. "子曰 中人以上 可以語上也 中人以下 不可以語
上也."

89) 『논어』16:8. "孔子曰 君子 有三畏 畏天命 畏大人 畏聖人之言
小人不知天命而不畏也."

90) 『논어』14:37. "子曰 莫我知也夫 子貢曰 何爲其莫知子也 子曰
不怨天 不尤人 下學而上達 知我者 其天乎."

91) 이현주 역, 『노자익』, 두레, 2000, 101~102쪽.

92) Politeia, 522c~531c.

93) 『노자』41장. "上士 聞道 勤而行之 中士 聞道 若存若亡 下士
聞道 大笑之 不笑 不足以爲道."

94) 『논어』2:4. "五十而知天命 六十而耳順 七十而從心所慾不踰
矩."

95) 『논어』9:4. "子絶四 毋意 毋必 毋固 毋我."

96) 『중용』20:9~18. "或生而知之 …… 或安而行之 …… 誠者 天
之道也 誠之者 人之道也 誠者 不勉而中 不思而得 從容中道
聖人也."

97) 『노자』20장. "我獨異於人 而貴食母."

98) 『논어』17:19. "子曰 予欲無言 子貢曰 子如不言 則小子何述焉
子曰 天何言哉 四時行焉 百物生焉 天何言哉."

99) M. Heidegger, Was ist das − die Philosophie, Gunther Neske
Pfullingen, 1956, SS. 59~61 참조.

100) 신오현, 『철학의 철학』, 문학과지성, 1988, 59쪽. 또한 32쪽 및
88쪽 참조.

101) 『노자』7장. "…… 不自生 …… 無私."

102) 『노자』19장. "故令有所屬 見素抱樸 少私寡欲."

103) 『노자』16장. "致虛極 守靜篤 萬物並作 吾以觀復 夫物芸芸 各復歸其根 歸根曰靜 是謂(靜曰)復命 復命曰常 知常曰明 不知常 妄作凶 知常容 容乃公 公乃王(全) 王(全)乃天 天乃道 道乃久沒身不殆. 죽간본은 다음과 같다. 致虛恒也 守中篤也 萬物方作 居以須復也 天道員員 各復其根."

104) 『노자』12, 18, 20, 75장 등 참조.

105) 『노자』37장. "不欲以靜 天下將自定."

106) 『노자』5장.

107) 주자, 『中庸章句』. "中者 不偏不倚無過不及之名."

108) 『중용』1장. "喜怒哀樂之未發 謂之中."

109) 『중용』1장. "中也者 天下之大本也."

110) 『중용』1장. "致中和 天地位焉 萬物育焉."

111) 『노자』25장. "人法地 地法天 天法道 道法自然."

112) 특히 29장 참조. "物壯則老 是謂不道 不道早已."

113) 『노자』50장. "出生入死 生之徒가 十有三 死之徒 十有三 人之生 動之死地者 亦十有三 夫何故 以其生生之厚 蓋聞 善攝生者 陸行 不遇兕虎 入軍 不被甲兵 兕無所投其角 虎無所措其爪 兵無所容其刃 夫何故 以其無死地."

114) 감산(오진탁 역), 『감산의 노자풀이』, 서광사, 1990, 161~162쪽.

115) Politeia, 516b~517a.

116) 『노자』40장. "弱者 道之用."

117) 『노자』78장. "天下莫柔弱於水 而攻堅强者 莫之能勝 以其無以易之 故柔之勝剛 弱之勝强 天下莫不知 天下莫能行."

118) 『노자』8장. "上善若水 水善利萬物而不爭 處衆人之所惡 幾於道矣."

119) 『노자』76장. "人之生也柔弱 其死也堅强 萬物草木之生也柔脆 其死也枯槁 是故堅强者死之徒 柔弱者는 生之徒."

120) 『노자』43장. "天下之至柔 馳騁天下之至堅 無有入無間 吾是以知無爲之有益 不言之敎 無爲之益 天下希及之."

121) 『노자』 22장 및 66장. "夫唯不爭 故天下莫能與之爭." 31장. "夫佳兵者 不祥之器 故有道者不處." 68장. "善勝敵者不爭 …… 是謂部不爭之德." 71장. "天之道 不爭而善勝." 81장. "聖人之道爲而不爭."

122) 『노자』 8장, 61장, 66장 참조.

123) 『노자』 67장. "我有三寶 持而保之 一曰慈 二曰儉 三曰不敢爲天下先."

124) 『노자』 20장. "我獨異於人 而貴食母."

125) 『노자』 57장. "治人事天 莫若嗇 夫唯嗇 是以(謂)早服 早服謂之重積德 重積德則無不克 無不克則莫知其極."

126) 『노자』 49장. "善者吾善之 不善者吾亦善之 德善矣 …… 聖人在天下 歙歙焉爲天下渾其心 百姓皆注其耳目."

127) 『노사』 7장. "聖人後其身而身先 外其身而身存 非以其無私邪 故能成其私."

128) 『노자』 30장. "果而勿强 物壯則老 是謂不道 不道早已."

129) 『노자』 42장. "强梁者不得其死."

130) 『노자』 44장. "知止不殆 可以長久."

131) 『노자』 30장. "果而勿强 物壯則老 是謂不道 不道早已." 42장. "强梁者不得其死."

132) 『노자』 40장. "弱者 道之用."

133) 『노자』 59장. "有國之母 可以長久 是謂深根固柢 長生久視之道."

134) 『노자』 50장. "以其無死地."

135) 『노자』 44장. "知止不殆 可以長久."

136) 『노자』 15장. "古之善爲士者 微妙玄通 深不可識 夫唯不可識 故强爲之容 豫焉若冬涉川 猶兮若畏四隣 儼兮其若容 渙兮若氷之將釋 敦兮其若樸 曠兮其若谷 混兮其若濁."

137) 『노자』 47장. "不出戶知天下 不窺牖見天道 其出彌遠 其知彌少 是以聖人不行而知 不見而名 不爲而成."

138) 벤저민 슈워츠(나성 역), 『중국 고대사상의 세계』, 살림, 1996, 제6장 「도가의 조류들」 참조.

139) 『노자』 3장. "常使民無知無欲 使夫知者不敢爲也." 10장. "明白四達 能無知乎."

140) 『노자』의 다음 구절에서 "明白四達 能無知乎"(10장) "知常曰明"(16장). "不自見故明"(22장), "襲明"(27장), "自知者明"(33장), "微明"(36장) 등에서 '명(明)'은 지(知)의 궁극(窮極)으로써 절대지(絕對知)를 의미한다. 大濱晧(임헌규 역), 『노자철학연구』, 청계, 1999, 158쪽.

141) 『노자』 27장. "善行無轍跡 善言無瑕謫 善計不用籌策 善閉無關鍵而不可開 善結無繩約而不可解 是以聖人常善救人 故無棄人 常善救物 故無棄物."

142) 劉澤華 주편(장현근 역), 『중국정치사상사』(하), 동과서, 2002, 38~47쪽.

143) 『노자』 15장. "古之善爲士者 微妙玄通 深不可識 …… 孰能濁以靜之徐淸 孰能安以久動之徐生 保此道者 不欲盈 夫唯不盈 故 能蔽不新成."

144) 『노자』 49장. "聖人無常心 以百姓心爲心 …… 聖人在天下 歙歙焉爲天下渾其心 百姓皆注其耳目 聖人皆孩之."

145) 『노자』 29장. "將欲取天下而爲之 吾見其不得已 天下神器 不可爲也 爲者敗之 執者失之."

146) 『노자』 37장. "道常無爲而無不爲 侯王若能守之 萬物將自化 …… 天下將自定."

147) 『노자』 7장. "是以聖人後其身而身先, 外其身而身存 非以其無私邪 故能成其私."

148) 『노자』 66장. "是以聖人處上而民不重 處前而民不害 是以天下樂推而不厭."

149) 『노자』 57장. "聖人云 我無爲而民自化 我好靜而民自正 我無事而民自富 我無欲而民自樸."

150) 『논어』 12:9. "君子之德 風 小人之德 草 草上之風 必偃."

151) 『논어』 8:9. "民可使由之 不可使知之."

노자 도와 덕이 실현된 삶

펴낸날	초판 1쇄 2013년 9월 30일

지은이	**임헌규**
펴낸이	**심만수**
펴낸곳	**(주)살림출판사**
출판등록	1989년 11월 1일 제9-210호

주소	**경기도 파주시 문발동 522-1**
전화	**031-955-1350** 팩스 **031-624-1356**
기획·편집	**031-955-4671**
홈페이지	**http://www.sallimbooks.com**
이메일	**book@sallimbooks.com**

ISBN	978-89-522-2730-0 04080

※ 값은 뒤표지에 있습니다.
※ 잘못 만들어진 책은 구입하신 서점에서 바꾸어 드립니다.

이 도서의 국립중앙도서관 출판시도서목록(CIP)은 서지정보유통지원시스템 홈페이지 (http://seoji.nl.go.kr)와 국가자료공동목록시스템(http://www.nl.go.kr/kolisnet)에서 이용하실 수 있습니다.(CIP제어번호: CIP2013018473)

책임편집 **박종훈**

026 미셸 푸코

eBook

양운덕(고려대 철학연구소 연구교수)

더 이상 우리에게 낯설지 않지만, 그렇다고 손쉽게 다가가기엔 부담스러운 푸코라는 철학자를 '권력'이라는 열쇠를 가지고 우리에게 열어 보여 주는 책. 권력은 어떻게 작용하는가에서 논의를 시작하여 관계망 속에서의 권력과 창조적 · 생산적 · 긍정적인 힘으로서의 권력을 이야기해 준다.

027 포스트모더니즘에 대한 성찰

eBook

신승환(가톨릭대 철학과 교수)

포스트모더니즘의 역사와 논의를 차분히 성찰하고, 더 나아가 서구의 근대를 수용하고 변용시킨 우리의 탈근대가 어떠한 맥락에서 이해되는지를 밝힌 책. 저자는 오늘날 포스트모더니즘으로 대변되는 탈근대적 문화와 철학운동은 보편주의와 중심주의, 전체주의와 이성 중심주의에 대한 거부이며, 지금은 이 유행성의 뿌리를 성찰해 볼 때라고 주장한다.

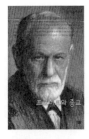

202 프로이트와 종교

eBook

권수영(연세대 기독상담센터 소장)

프로이트는 20세기를 대표할 만한 사상가이지만, 여전히 적지 않은 논란과 의심의 눈초리를 받고 있다. 게다가 신에 대한 믿음을 빼앗아버렸다며 종교인들은 프로이트를 용서하지 않을 기세이다. 기독교 신학자인 저자는 이 책을 통해 종교인들에게 프로이트가 여전히 유효하며, 그를 통하여 신앙이 더 건강해질 수 있다는 점을 보여 주려 한다.

427 시대의 지성 노암 촘스키

eBook

임기대(배재대 연구교수)

저자는 노암 촘스키를 평가함에 있어 언어학자와 진보 지식인 중 어느 한 쪽의 면모만을 따로 떼어 이야기하는 것은 불합리하다고 말한다. 이 책에서는 촘스키의 가장 핵심적인 언어이론과 그의 정치비평 중 주목할 만한 대목들이 함께 논의된다. 저자는 촘스키 이론과 사상의 본질에 다가가기 위한 이러한 시도가 나아가 서구 사상을 받아들이는 우리의 자세와도 연결된다고 믿고 있다.

024 이 땅에서 우리말로 철학하기

이기상(한국외대 철학과 교수)

우리말을 가지고 우리의 사유를 펼치고 있는 이기상 교수의 새로운 사유 제안서. 일상과 학문, 실천과 이론이 분리되어 있는 '궁핍의 시대'에 사는 우리에게 생활세계를 서양학문의 식민지화로부터 해방시키고, 서양이론의 중독으로부터 벗어나야 한다고 역설한다. 저자는 인간 중심에서 생명 중심으로의 변화와 관계론적인 세계관을 담고 있는 '사이 존재'를 제안한다.

025 중세는 정말 암흑기였나　eBook

이경재(백석대 기독교철학과 교수)

중세에 대한 친절한 입문서. 신과 인간에 대한 중세인의 의식을 다루고 있는 이 책은 어떻게 중세가 암흑시대라는 일반적인 인식을 가지게 되었는지에 대한 물음을 추적한다. 중세는 비합리적인 세계인가, 중세인의 신앙과 이성은 어떠한 관계를 갖고 있는가 등에 대한 논의를 하고 있다.

065 중국적 사유의 원형　eBook

박정근(한국외대 철학과 교수)

중국 사상의 두 뿌리인 『주역』과 『중용』을 철학적 관점에서 접근한다. '산다는 것은 무엇인가?'라는 근원적 질문으로부터 자생한 큰 흐름이 유가와 도가인데, 이 두 사유의 흐름을 거슬러 올라가다 보면 그 둘이 하나로 합쳐지는 원류를 만나게 된다. 저자는 『주역』과 『중용』에 담겨 있는 지혜야말로 중국인의 사유세계를 지배하는 원류라고 말한다.

076 피에르 부르디외와 한국사회　eBook

홍성민(동아대 정치외교학과 교수)

부르디외의 삶과 저작들을 통해 그의 사상을 쉽게 소개해 주고 이를 통해 한국사회의 변화를 호소하는 책. 저자는 부르디외가 인간의 행동이 엄격한 합리성과 계산을 근거로 행해지기보다는 일정한 기억과 습관, 그리고 사회적 전통에 영향을 받는다는 사실로부터 시작한다는 점을 강조한다.

096 철학으로 보는 문화 `eBook`

신응철(숭실대 인문과학연구소 연구교수)

문화와 문화철학 연구에 관심 있는 사람을 위한 길라잡이로 구상된 책. 비교적 최근에 분과학문으로 등장하기 시작한 문화철학의 논의에 반드시 들어가야 할 요소를 선택하여 제시하고, 그 핵심 내용을 제공한다. 칸트, 카시러, 반 퍼슨, 에드워드 홀, 에드워드 사이드, 새무얼 헌팅턴, 수전 손택 등의 철학자들의 문화론이 소개된다.

097 장 폴 사르트르 `eBook`

변광배(프랑스인문학연구모임 '시지프' 대표)

'타자'는 현대 사상에 있어 가장 중요한 개념 중 하나이다. 근대가 '자아'에 주목했다면 현대, 즉 탈근대는 '자아'의 소멸 혹은 자아의 허구성을 발견함으로써 오히려 '타자'에 관심을 갖게 되었다. 그리고 타자이론의 중심에는 사르트르가 있다. 사르트르의 시선과 타자론을 중점적으로 소개한 책.

135 주역과 운명 `eBook`

심의용(숭실대 강사)

주역에 대한 해설을 통해 사람들의 우환과 근심, 삶과 운명에 대한 우리의 자세를 말해 주는 책. 저자는 난해한 철학적 분석이나 독해의 문제로 우리를 데리고 가는 것이 아니라 공자, 백이, 안연, 자로, 한신 등 중국의 여러 사상가들의 사례를 통해 우리네 삶을 반추하는 방식을 취한다.

450 희망이 된 인문학 `eBook`

김호연(한양대 기초·융합교육원 교수)

삶 속에서 배우는 앎이야말로 인간의 운명을 바꿀 수 있는 기회를 준다. 그래서 삶이 곧 앎이고, 앎이 곧 삶이 되는 공부를 하는 것이 무엇보다 중요하다. 저자는 인문학이야말로 앎과 삶이 결합된 공부를 도울 수 있고, 모든 이들이 이 공부를 할 수 있어야 한다고 믿는다. 특히 '관계와 소통'에 초점을 맞춘 인문학의 실용적 가치, '인문학교'를 통한 실제 실천사례가 눈길을 끈다.

eBook 표시가 되어있는 도서는 전자책으로 구매가 가능합니다.

㈜살림출판사

www.sallimbooks.com

주소 경기도 파주시 문발동 522-1 | 전화 031-955-1350 | 팩스 031-955-1355